Harald Wessbecher

Das Potential
Band 1

Individualität und Freiheit

Harald Wessbecher – Zur Person

Zu den wichtigsten Zielen in Harald Wessbechers Leben gehört es, die Gesetzmäßigkeiten dieser Wirklichkeit ganzheitlich verstehen zu wollen und freien Zugang zu finden zu den Möglichkeiten menschlichen Bewußtseins. Er möchte diese Freiheit leben und andere Menschen an seiner Erfahrung teilhaben lassen, damit auch sie ihr Leben ganzheitlich, erfolgreich und bewußt leben können.

Am Anfang seines beruflichen Werdegangs stand ein Architekturstudium an der Universität Karlsruhe. Schon während des Studiums begann Harald Wessbecher eine Ausbildung in London, England, als Sensitiver, Heiler und Medium und studierte Philosophie und Psychologie. Danach beschäftigte er sich in seiner Beratungspraxis mit der Erforschung anderer Leben unter Hypnose mit dem Ziel zu einem ganzheitlichen Verständnis der persönlichen Wirklichkeit zu kommen.

Wenig später begann Harald Wessbecher am Monroe-Institute of Applied Sciences in Faber, Virginia, USA, veränderte Bewußtseinszustände zu erforschen und deren Nutzungsmöglichkeiten zu untersuchen. Wesentlicher Bestandteil dieser Arbeit war die Anwendung von Monroes Hemi-Sync-Tonsignalen, die über eine Synchronisierung der Hirnhälften das Erreichen und die Nutzung bestimmter Bewußtseinszustände stark erleichtern.

Das Potential

Band 1

Individualität und Freiheit

Erfolg durch Selbstausdruck

Harald Wessbecher

Satz und Herstellung: THS Verlag, Hannover

Gedruckt auf chlorfreiem Papier
ISBN: 3-928333-11-9

Inhalt

Vorwort

"Die Möglichkeit sich selbst zu sein und auszudrükken, in Kontakt zu stehen mit der inneren Quelle der Inspiration, spielerisch und frei die persönlichen Möglichkeiten zu nutzen und intensiv zu leben, läßt diese Wirklichkeit zu einem Geschenk werden, indem sich der Mensch erlebt und findet als schöpferisches geistiges Wesen."

Harald Wessbecher

Harald Wessbecher gibt in diesem Buch eine ganzheitliche und einfache Sicht der Gesetzmäßigkeiten dieser Wirklichkeit von Raum und Zeit, damit der Mensch als körperliches und geistiges Wesen einen vollkommenen Ausdruck finden kann. Er zeigt praktische Wege, um den eigenen Lebenssinn finden und erfüllen zu können.

Die Wirklichkeit hört nicht dort auf, wo unsere bewußte, sinnliche Wahrnehmung endet. Wir leben in Energien und Energiesystemen, mit denen wir uns ständig austauschen, auf die wir reagieren und die uns beeinflussen, ohne daß wir diese bewußt erkennen. Diese Energien und Energiesysteme bewußt erfahren, verstehen und nutzen zu lernen, wird unsere Wirklichkeitssicht, aber besonders unseren Spielraum in dieser Wirklichkeit erweitern und uns helfen, unser Leben bewußt und absichtlich so zu gestalten, daß es uns entspricht und uns zu unserem Lebenssinn führt. Wir werden frei, das zu sein, was wir sein könnten. Wir werden bewußter und ganzheitlicher, so wie es unserer eigentlichen Natur entspricht. Abhängigkeiten werden sich lösen und unsere Grenzen werden durchlässiger in diesem größeren Verständnis. Unser großes Selbst wird frei, sich ganzheitlich und meisterhaft im Leben auszudrücken, erfolgreich in jeder Hinsicht.

Die Erfahrungen und Erkenntnisse, auf denen dieses Buch beruht, gewann Harald Wessbecher in seiner über zehnjährigen Arbeit mit Menschen, die zu ihm als Sensitivem, Medium und Heiler kamen. Inhalt seiner Arbeit als Berater und Therapeut ist es, die persönliche Freiheit, sich selbst zu sein und sein Leben freiheitlich gestalten zu können, wieder bewußt werden zu lassen. Und dies ist auch das Thema dieses Buches: Sie werden wieder lernen, sich selbst zu erkennen und zu verstehen und das zu werden, was Sie wirklich sein könnten. Sie werden schrittweise mit Ihrem gesamten Potential an Fähigkeiten und Energien in Kontakt kommen und es ausdrücken und nutzen lernen. Sie lernen die Umstände und Erfahrungen in Ihr Leben zu ziehen, die Sie haben möchten, um sinnvoll und erfolgreich leben zu können, so wie es Ihnen entspricht.

Kapitel 1

Individualität und Freiheit

„Wir sind unser Schicksal und können unser Leben so verändern, daß es uns entspricht."

Viele Menschen möchten in ihrem Leben etwas verändern, um glücklicher zu sein, aber sie wissen nicht wie. Deshalb müßte es Ziel für jeden Menschen sein, sich selbst besser kennenzulernen und ein größeres Bewußtsein über sich selbst und das persönliche Leben zu bekommen. Mehr Bewußtsein über sich selbst zu haben, heißt auch mehr Selbstbewußtsein zu haben. Mit diesem Selbstbewußtsein können dann die Triebfedern für eine Veränderung gefunden werden, nämlich die eigenen verborgenen Wünsche und Bedürfnisse, die nach Ausdruck drängen. Diese wirklichen, in der eigenen Persönlichkeit entspringenden Wünsche sind Energiemuster, die sich im Menschen selbst und in seiner äußeren Wirklichkeit konkretisieren und verdichten lassen, Energiemuster, die wirksam werden, sobald sie freigelassen, bzw. ausgedrückt werden.

Es ist das Netz all dieser Triebkräfte, mit dem sich unser Leben sinnvoll formen läßt. Gemeint sind damit nicht die Wünsche oder Bedürfnisse, die durch Tradition, Wertesysteme der Gesellschaft, Erziehung oder Religion entstehen, sondern diejenigen, die einen Teil der eigenen Individualität, der Persönlichkeit darstellen. Das Verfolgen der andern, nicht eigenen Wünsche verschwendet Energien und kann sogar dazu führen, daß die Verbindung zu eigenen Energiequellen, bzw. Triebfedern abreißt. Ziel sollte es sein, in allen Lebensbereichen sich selbst zu sein und damit auch für sich selbst erfolgreich zu sein, alle Wünsche, Bedürfnisse und Fähigkeiten als Antriebsfedern des eigenen Handelns auszudrücken, ohne sich durch fremde Wertmaßstäbe abhalten zu lassen.

Oft wird Erfolg mit dem erfolgreich ausgeübten Beruf oder dem Erbringen von anerkannten Leistungen gleichgesetzt, wobei Beruf nicht mehr als Berufung, d.h. Ausdruck der eigenen Fähigkeiten verstanden wird, sondern nur noch als Arbeit zum Überleben. Damit ist leider für viele Menschen die verbleibende Freizeit die einzige Möglichkeit, um sich selbst auszudrücken, aber es bleibt oft selbst für die Freizeit kaum noch genug Energie und Zeit übrig. In extremen Fällen gibt es dann auch in der Freizeit keinen Selbstausdruck mehr und das „sinnvolle" oder gewünschte Leben wird für das Alter aufgehoben, wo dann genügend finanzielle Mittel erwirtschaftet sein sollen. Aber nicht immer kommt es zu dieser Erntezeit, wenn das Leben zu kurz ist, oder der Gesundheitszustand heruntergewirtschaftet wurde in dieser Zeit einseitiger Arbeit.

Erfolgeich zu sein heißt, in der Gegenwart sich selbst zu sein und sich ganzheitlich mit allen Energien und Fähigkeiten sinnvoll auszudrücken. Anstatt sich nach fremden Leistungsansprüchen zu orientieren, sollte man Zugang zu sich selbst finden, seine Bedürfnisse und Fähigkeiten erkennen und Selbstbewußtsein im eigentlichen Sinne haben. Das Streben nach Erfolg in nur einzelnen Lebensbereichen führt häufig zu einem Verlust von sich selbst, den eigenen inneren Werten und schließlich zum Verlust von Selbstbewußtsein. Das scheinbar erfolgreiche, aber einseitige Leben kann sinnlos sein, wenn in den meisten anderen Lebensbereichen nicht sinnvoll und sich selbst entsprechend gelebt wird. Manche Menschen verlieren sich in ihrem äußeren Erfolg, kommen aus dem Gleichgewicht, werden krank und unglücklich und gehen letztlich daran zugrunde, daß sie sich selbst über lange Zeit verloren haben und keinen Zugang mehr zu sich finden. Sie leben nicht mehr sich selbst, sondern sie „werden gelebt" von Umständen, Erwartungen anderer Menschen oder Verpflichtungen, die sie unwillig eingegangen sind. Sie haben ihre Freiheit verloren, reagieren automatisch, ohne Selbstbewußtsein und ohne Entscheidungsfreiheit.

Unser Leben wird geprägt durch die Energien, die wir in uns tragen. Unsere Gedanken, Gefühle, Hoffnungen, Erwartungen und alles, worauf wir uns in unserer Wirklichkeit konzentrieren, prägt uns geistig und körperlich und gestaltet unser Leben wie ein Spiegelbild. Wenn wir unsere persönliche Wirklichkeit ändern wollen, müssen wir unsere Energien kennenlernen und uns selbst entsprechend ändern. Wir müssen wissen, wer wir sind und wie wir leben. Wir müssen Selbstbewußtsein erarbeiten und uns in diesem Bewußtsein für diejenigen Energien entscheiden, die unser Leben gestalten und uns ganzheitlich erfolgreich machen sollen. Statt unbewußt zu reagieren und „gelebt zu werden” müssen wir aktiv werden und das Leben gezielt in unserem Sinne gestalten.

Um für diesen Prozeß der Selbstbewußtwerdung motiviert zu sein, sollten wir erst fragen, wie groß der Einfluß unserer inneren Energien auf unser Umfeld überhaupt ist. Wo sind die Grenzen für eine Veränderbarkeit von unserem körperlichen und geistigen Selbst? Gibt es überhaupt solche Grenzen? Erst eine zufriedenstellende Antwort auf diese Fragen kann uns dazu bringen, unsere Trägheit und Angst vor Veränderungen zu überwinden und im Streben nach neuen Zielen in uns Energien zu erarbeiten, die eine neue Wirklichkeit entstehen lassen. Wie wir dann unsere Gefühle, Gedanken, Erwartungen und Ängste, die bisher unser Leben bestimmt haben, gegen sinnvollere Energien austauschen können, ist eine Frage, die erst später interessant wird.

Es gibt viele Hinweise, die ahnen lassen, wie stark geistige Kräfte auf unser Leben wirken, aber an dieser Stelle sollen nur die bekanntesten angeführt werden. Erkenntnisse aus der Hypnoseforschung zeigen, daß sich das Wahrnehmungsverhalten von Personen gegenüber einzelnen Aspekten der Wirklichkeit und damit auch deren Reaktionsverhalten auf diese Aspekte stark beeinflussen läßt. Man kann zum Beispiel einen Menschen unter Hypnose dazu bringen, auch nach Aufhebung des Hypnosezustandes gewisse Dinge nicht zu sehen, obwohl sie da sind; oder aber Dinge zu sehen, die nicht da sind; oder Dinge, die vorhanden sind, in anderer Form wahrzunehmen und entsprechend anders darauf zu reagieren. Das Reaktionsverhalten scheint über die individuelle Wahrnehmung beeinflußbar zu sein und es kann sogar vermutet werden, daß auch unser „normales" Reaktions- und Wahrnehmungsverhalten stark durch Hypnosen aus der Vergangenheit gestaltet ist und wesentliche Aspekte der Wirklichkeit in unserer Wahrnehmung verändert oder gar ausgeblendet werden.

Ähnlich überraschend erscheint die geistige Beeinflußbarkeit des physischen Körpers durch Suggestion oder Hypnose. In einem hypnotischen Zustand lassen sich beispielsweise Brandblasen erzeugen, indem man dem Hypnotisierten sagt, man berühre ihn mit einem heißen Stab. Dabei legt man aber tatsächlich nur einen kalten Löffel auf dessen Arm. Der Körper verhält sich entsprechend der suggerierten Situation und reagiert mit Brandblasen, als ob der Arm tatsächlich verbrannt worden wäre. Medizinisch betrachtet entstehen Brandblasen aber nur, wenn unter Hitzeeinwirkung Gewebe zerstört wird. Das heißt, der Körper reagiert lediglich auf die Vorstellung von Hitze und empfindet diese als wirklich. Die Placebo-Forschung hat unzählige Versuche darüber durchgeführt, inwieweit der Körper eines Patienten auf ein Scheinmedikament ohne medikamentöse Wirkung (= Placebo) in Verbindung mit einer entsprechenden Information oder Suggestion an den Patienten reagiert. Häufig verhielt sich der Körper der Testpersonen so, als ob er tatsächlich Medikamente eingenommen hätte. Es gelang in Einzelfällen sogar, den Körper suggestiv auf ein echtes Medikament so reagieren zu lassen, als ob keinerlei medikamentöse Wirkung vorhanden sei. Mehr und mehr beachtet man in der Medizin wieder den direkten Zusammenhang zwischen Gefühlen, Gedanken und Verhaltensweisen des Menschen und dessen körperlichen Zustand und man erkennt, daß die Psyche sich im Körper (griechisch „Soma") spiegelt und viele Krankheiten psychosomatisch sind. Nach unzähligen Gesprächen mit Patienten hat man gelernt, daß Organkrankheiten Rückschlüsse auf das geistige Verhaltensmuster des Patienten zulassen. Man spricht in diesem Zusammenhang von Organsprache. Eine besondere Art der geistigen Einflußnahme auf Materie, bzw. den menschlichen Körper stellen Heiler wie Tom Johannson aus England oder Daskalos auf Zypern unter Beweis, die alleine durch konzentrierte geistige Energie direkten Einfluß auf den Körper ihrer Patienten nehmen können. Der Sensitive Uri Geller wurde darüber hinaus bekannt durch seine geistige Einflußnahme auf bespielte Magnetbänder, durch Veränderung von Metallen im molekularen Bereich und durch gezielte Beeinflußung von Bakterienkulturen und Pflanzensamen in ihrem Wachstum.

In der modernen Physik stellte man fest, daß bei einem vorgegebenen Versuchsaufbau die am Versuch maßgeblich beteiligten Personen mit ihrer geistigen Haltung die Versuchsergebnisse wesentlich beeinflussen. Der Biologe Rupert Sheldrake hat zu ähnlichen Phänomenen das Modell der „morphogenetischen Felder" entwickelt. Es besagt, daß jedes Lebewesen ein geistiges Energiefeld erzeugt, das weit über seine körperlichen Grenzen hinausreicht und das Umfeld, besonders Lebewesen der gleichen Art, entsprechend beeinflußt.

Die eigene Vorstellungskraft in Verbindung mit dem richtigen Denken und Fühlen scheint nach diesen Beispielen die gesamte materielle und geistige Wirklichkeit zu beeinflussen. Die Kontrolle unserer Vorstellungskraft führt entsprechend zu einer Kontrolle unserer Lebenserfahrung, wobei aber das Ausmaß dieser Kontrolle über uns selbst, unsere Gedanken, Gefühle, Persönlichkeit, den Körper und die persönliche Lebenserfahrung nicht wirklich eindeutig bestimmbar ist. Mit Sicherheit ist sie größer als man allgemein annimmt. Vielleicht sind die eigentlichen Grenzen, die wir haben, nur in unserer eigenen Vorstellung zu finden. Die Annahme, daß der Mensch Opfer seines Umfeldes sei und nur die Möglichkeit habe, auf Impulse des Umfeldes reagieren zu können, sie zu nutzen oder aber sich anzupassen, ist nach all diesen Hinweisen selbst für Skeptiker kaum haltbar. Vielmehr scheint die geistige Einstellung einen maßgeblichen Einfluß auf das Umfeld zu haben und dessen Auswirkung auf den Menschen zu bestimmen.

Unsere geistige Einstellung äußert sich in Gefühlen, Gedanken, Glaubensvorstellungen, Erwartungen, Hoffnungen, Ängsten und Wertevorstellungen. Um diese verändern zu können, müssen wir zunächst verstehen, welcher Natur sie sind, wodurch sie entstehen und in welcher Form sie bestimmend auf unser eigenes Leben wirken.

Dazu einige grundsätzliche psychologische und esoterische Betrachtungen:

Wenn der Mensch gezeugt wird, hat sein Bewußtsein noch keine deutliche „Ich"-Struktur oder Individualität. Zentrum des Bewußtseins ist zwar der Embryo, aber es erstreckt sich über den Mutterleib weit hinaus, verschmilzt mit dem Umfeld und identifiziert sich damit. In dieser Einheit nimmt es die Qualität des Umfeldes an. Wenn der kleine Körper größer wird, entwickelt sich das Bedürfnis nach Identität und Individualität, um diese Wirklichkeit intensiver erfahren zu können. Der junge Mensch beginnt dann sich besonders mit der Mutter zu identifizieren und erlebt sich in einer Einheit mit ihr. Das Umfeld erscheint als etwas von der Mutter und ihm Getrenntes. Seine Erlebnisweise polarisiert sich in Wir = Mutter/Embryo und in das weniger wichtige Umfeld. In den Wochen vor der Geburt bildet sich zunehmend eine Individualität im neuen Menschen, aber immer noch mit einer starken Mutteridentifizierung. Das einheitliche „Embryobewußtsein" der Anfangsphase beginnt ein eigenständiges Ich aufzubauen und trennt sich in seiner Wahrnehmung vom Restbewußtsein des Umfeldes, mit dem es aber trotzdem verbunden bleibt. Es kommt zur Trennung zwischen dem „Wachbewußtsein" als Ich-Bewußtsein einerseits, und dem „Unterbewußtsein" andererseits, welches das Umfeld durchdringt und die Einheit bewahrt. Das Wachbewußtsein oder Ich kann sich dadurch intensiver auf konkrete Erfahrungen einlassen und diese individuell aus der Ich-Perspektive wahrnehmen. Das Unterbewußtsein sammelt weiter Informationen weit über die

Grenzen des Mutterleibes hinaus und bleibt eine große Informationsquelle, auf die das neu entstandene Ich später zurückgreifen kann. Nach der Geburt wird das Ich-Bewußtsein weiter aufgebaut und beginnt das Umfeld als das Andere, als das Fremde zu erleben. Der Ablösungsprozeß von der Mutter beschleunigt sich nach der Geburt und steigert sich durch die Auseinandersetzung mit dem Umfeld (Vater, Geschwister u.a.).

Egobildung erfolgt ganz allmählich neben der Identifikation mit der Mutter und dem Umfeld, aber erst deutlich nach der Geburt. Bewußtseinsinhalte von Umfeld und Mutter werden integriert in einer Art Urhypnose. Bewußtsein bildet sich durch Zentrierung.

Mit der Ich-Bildung entsteht eine Unterteilung des Bewußtseins in Wachbewußtsein und Unterbewußtsein.

Stufe 1: Einheitsbewußtsein
Der Embryo spürt keine Grenze zwischen Ich, Mutter und Umwelt. Alles ist ein Bewußtseins-Meer.

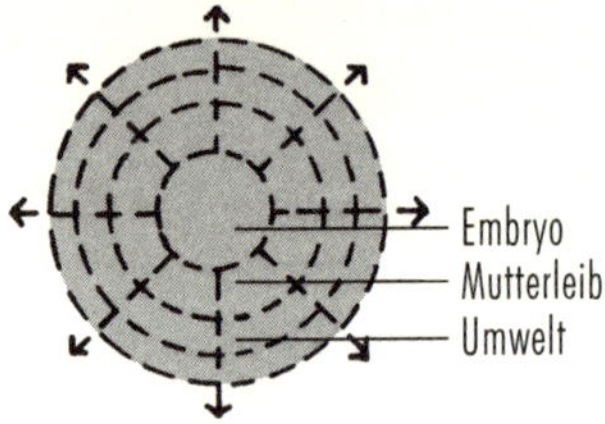

Stufe 2: Vorstufe zum Ich
Das Ich grenzt sich zusammen mit dem Bewußtsein der Mutter zur Umwelt ab.

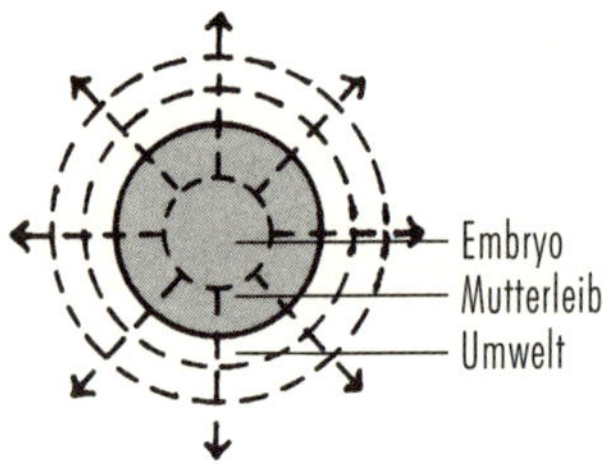

Stufe 3: Ich
Das Ich grenzt sich mit seinem Bewußtsein zur Mutter und zur Umwelt ab.

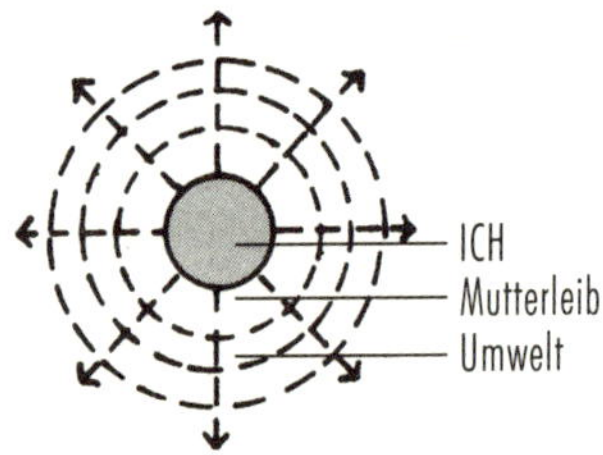

Zeichnung 1:
Bewußtseinsbildung vom Einheitsbewußtsein zum Ich (Ego)

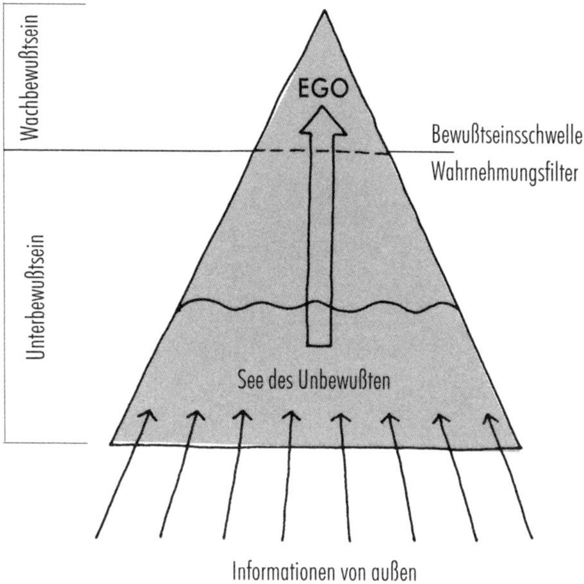

Zeichnung 2:
Ebenen des Bewußtseins

Das Wachbewußtsein als „Ich" oder Ego entsteht durch die Abgrenzung vom Umfeld, bzw. das Abtauchen dieses Bewußtseinsbereiches unterhalb der Wahrnehmungsschwelle. Damit wird dieser Bereich zum Unterbewußtsein. Die Bewußtseinskapazität des Ichs ist relativ zum Einheitsbewußtsein zwar kleiner, aber erlaubt durch den eingeschränkten Focus eine größere Fähigkeit zur Konzentration und Identifikation. Auch nach Entstehung der Bewußtseinsschwelle wird das Ich weiterhin gespeist mit Informationen aus dem Unterbewußtsein und hat entsprechend keine völlige Eigenständigkeit.

Die Wahrnehmung des Ichs ist abhängig von den Informationen des Unterbewußtseins, bzw. das Ich kann sich nur mit solchen Eindrücken identifizieren, für die es im Unterbewußtsein eine Entsprechung gibt. Die Bewußtseinsschwelle wird damit zum Wahrnehmungsfilter. Dieses Modell mit seinen scheinbar klaren Strukturen der verschiedenen Ebenen erleichtert das praktische Umgehen mit unseren geistigen Energien, vermittelt aber in Wirklichkeit natürlich nur eine vage Vorstellung von der tatsächlichen Natur der menschlichen Psyche. Unser Bewußtsein lebt nicht nur in der scheinbaren objektiven Wirklichkeit unserer wachbewußten Lebenserfahrung, sondern ist verflochten mit anderen Seinsebenen, die sich unserer direkten Wahrnehmung entziehen. Unsere Psyche ist ein offenes System von Energie und Wahrnehmung, das sich ständig mit vielen Wirklichkeitsbereichen austauscht und sich dadurch verändert, also niemals gleich bleibt. Wir haben die Freiheit, an dieser Veränderung bewußt mitzuwirken, wenn wir mehr darüber verstehen.

Das Unterbewußtsein läßt sich in verschiedene Bereiche, Schichten oder Qualitäten unterteilen, die zum Teil schon im Embryo-Bewußtsein enthalten sind, zum Teil aber erst nach der Bildung des „Ichs" entstehen.

Als Grundebene des Unterbewußtseins kann man die Schicht bezeichnen, deren Qualitäten unser Bewußtsein typisch menschlich machen und später zur Erzeugung des menschlichen „Ichs" führen (im Unterschied zu tierischen, pflanzlichen oder mineralischen Qualitäten). Dort ist die menschliche Idee verankert, das menschliche Urbewußtsein. In diesem Urbewußtsein sind alle Menschen verbunden und haben all die grundsätzlichen Wahrnehmungs-, Reaktions- und Verhaltensqualitäten, die dem Menschen zu eigen sind.

Die nächste Ebene ist die Schicht des Instinktes. Sie sorgt dafür, daß der Mensch als physisches Lebewesen überleben kann. Ihre Qualitäten lassen sich im wesentlichen in zwei Gruppen gliedern:

a) in Triebkräfte und Impulse, die das physische Überleben sicherstellen. Die Informationen dazu kommen aus dem gegenwärtigen Umfeld, aus eingeborenem Wissen und aus Erkenntnissen der Vergangenheit und Zukunft, soweit wir sie in uns schon geschaffen haben. Der Instinkt ist in seiner Wahrnehmung räumlich und zeitlich nicht begrenzt und steht ständig in Kontakt mit Energien und Informationsquellen, die dem bewußten Ich nicht zugänglich sind,

b) in die Fähigkeit, Handlungs- und Reaktionsmechanismen zu lernen, die beliebig wiederholt werden können, ohne daß sie dabei ständig neu überprüft oder bewertet werden. Diese helfen dem Ich, seine Aufmerksamkeit auf wichtige Dinge zu richten, während sich-wiederholende

Handlungen automatisch ablaufen. Diese Fähigkeit ist für ein sinnvolles Überleben Voraussetzung, aber sie kann sich bei ungünstigen Lerninhalten auch sehr hemmend auswirken, da die Inhalte ungeprüft wiederholt werden.

Zur ersten Gruppe gehören all die Fähigkeiten, die den physischen Körper gesund und leistungsfähig erhalten, die ihm helfen, sich an wechselnde Umfeldbedingungen anzupassen wie Temperatur, Strahlung, Feuchtigkeit oder Nahrungsveränderung, sich zu regenerieren und allgemein so zu reagieren, daß das Überleben gesichert ist. Dazu gehören auch die instinktiven Triebe wie der Reviertrieb, Selbsterhaltungstrieb oder Fortpflanzungstrieb, die das Überleben einer Art sicherstellen.

Zur zweiten Gruppe gehören erlernte Verhaltens- und Reaktionsmechanismen, die sogar gegen ursprüngliche Aspekte des Instinkts arbeiten können. Sie werden erlernt, trainiert oder programmiert und später automatisch abgerufen, unabhängig davon, ob sie sinnvoll sind oder nicht. Gemeint sind damit beispielsweise erlernte Techniken im Sport, das Autofahren oder auch beliebige Reaktionen auf äußere Impulse, die sich ständig so wiederholen, wie sie einmal gelernt wurden. Diese instinktive Fähigkeit ist notwendig, damit sich das wachbewußte Ich auf wesentliche Dinge, die neu sind und intensive bewußte Zuwendung brauchen, konzentrieren kann.

Die folgende Ebene im Unterbewußtsein kann man die Grundpersönlichkeit nennen, denn dort sind alle individuellen Eigenarten des Menschen verankert. Es sind die treibenden Kräfte, die Motivationskräfte, die nicht nur wie der Instinkt das Überleben des Menschen sichern, sondern die ihn dazu veranlassen, in einer ganz bestimmten Form, auf eine ganz bestimmte Weise zu überleben. Diese Motivationskräfte sind Ausdrucksenergien, die der Mensch zur Verfügung hat und die er ausdrücken muß, wenn er sein Leben über das eigentliche Überleben hinaus sinnvoll gestalten will. Man könnte diese Schicht auch die Schicht des Lebenssinns oder die Schicht der Lebensabsicht nennen.

Vereinfacht lassen sich die Motivationskräfte in Wünsche, Bedürfnisse und Fähigkeiten unterteilen. Sie geben unserem Handeln Antrieb, bringen uns dazu auch dann etwas zu tun, wenn unser Überleben gesichert ist. Die Bedürfnisse unterscheiden sich dabei von den Wünschen hauptsächlich dadurch, daß bei nicht erfüllten Wünschen die Toleranz des Menschen größer ist als bei echten Bedürfnissen, wenn diese nicht befriedigt werden. Zu jedem Wunsch und zu jedem Bedürfnis gehört die natürliche Fähigkeit, diese zu erfüllen, und jede Fähigkeit in uns äußert sich durch den Wunsch, ausgedrückt zu werden. Wünsche, Bedürfnisse und Fähigkeiten gehören immer zusammen und ergänzen sich, treten gewissermaßen als Energiepaket auf. Die einzelnen Pakete können stark unterschiedlich und zum Teil scheinbar einander entgegengesetzt sein, so daß sie nur schwer oder gar nicht gleichzeitig zum Ausdruck gebracht werden können. Für jedes Paket kommt im Laufe eines Lebens irgendwann die Zeit des Ausdrucks, wo Wünsche, Fähigkeiten und Umstände zueinander passen. Es entsteht dadurch ein Rhythmus des Wechsels, in dem bestimmte Energien oder Energiekombinationen während bestimmter Lebensphasen dominant werden und zum Ausdruck gebracht werden wollen und können, andere aber nicht. Diese veränderliche Raum-Zeit-Qualität paßt immer zu bestimmten Päckchen, so daß im Laufe der Zeit das persönliche Leben sich ständig verändern muß, um Möglichkeiten für einen andern Ausdruck zu schaffen. In diesem Rhythmus des Wechsels ändert sich nicht die Persönlichkeit, wie es manchmal scheint, sondern es treten vielmehr unterschiedliche Persönlichkeitsaspekte an die Oberfläche, die immer schon da waren, aber dann zum Ausdruck drängen. Interessant in diesem Zusammenhang ist der Vergleich mit Energierhythmen, wie sie in der Astrologie und Numerologie aufgefaßt werden. Sie beschreiben die Dominanz solcher Energiekombinationen, unter deren Einfluß ein Mensch steht. Ohne einen Wechsel im Ausdruck können nicht alle Energiepakete im Laufe eines Lebens ausgedrückt werden. Wenn aber kein Wechsel stattfindet, ist der Mensch von der Energie der damit nicht ausgedrückten Päckchen abgeschnitten, und er verliert den Bezug zu seinen Wünschen, Bedürfnissen und Fähigkeiten, in gewisser Weise sogar zu sich selbst. Er beginnt als Folge davon ein Leben zu führen, das nicht zu ihm paßt und erfolglos ist.

Werden aber der Grundpersönlichkeit und dem Instinkt die Möglichkeit zum freien Ausdruck gegeben, so findet ein ständiger Wechsel der Lebensumstände statt. Der Mensch fühlt seine Wünsche und Bedürfnisse und drückt sie kraftvoll, gesund und frei aus. Er geht schöpferisch mit seinen Fähigkeiten um, leicht und mühelos, ohne Probleme, mit unbegrenzter Energie.

Dieser Idealfall kommt selten vor, und der Grund dafür ist in der nächsten Schicht des Unterbewußtseins zu suchen, dem großen See des Unterbewußtseins. In dieser Schicht wurden die Ideen und Glaubenssätze, die Betrachtungsweisen und Wertungen über die Wirklichkeit von der Mutter und dem direkten Umfeld, in das wir hineingeboren worden sind, übernommen. Dies geschah zu der Zeit, als wir uns als neue Menschen zu Beginn unseres Lebens völlig mit Mutter und Umfeld identifizierten und eins damit waren. Diese Informationen sind Teil des Bewußtseins, bzw. nach Bildung unseres Ichs Teil des Unterbewußtseins geworden. Sie prägen als Glaubenssätze über uns selbst und über die Welt unser Ich, das sich auch später noch damit identifiziert. Diese Glaubenssätze bilden Spielregeln, die uns zu Beginn sagten, wie wir uns ausdrücken können, und waren deshalb für unser Leben auch relevant und sinnvoll. Wenn sie allerdings in Gegensatz zu unserer Grundpersönlichkeit, unseren tiefen Wünschen, Bedürfnissen und Fähigkeiten stehen, können sie dazu führen, daß wir unser wahres Selbst nicht spüren und ein uns eigentlich fremdes Leben leben, mit einem fremden Selbstverständnis, das mit uns kaum etwas zu tun hat.

Ganz fremd aber kann die Grundpersönlichkeit den Energien des Umfeldes und der Eltern nicht sein, weil nach dem Gesetz der Entsprechung ähnliche Energien die Voraussetzung bilden, damit ein Kind in ein gegebenes Umfeld überhaupt hineingeboren werden kann. Es muß also zumindest einige Energiepäckchen im Kind geben, die auch von den Eltern geteilt werden und umgekehrt. Für den Ausdruck dieser Päckchen muß es Spielregeln und Möglichkeiten von den Eltern lernen, die aber vielleicht zu seinen andern Päckchen nicht mehr passen.

Das Lernen erfolgt in verschiedenen Phasen, in denen das Kind ganz langsam versteht, Dinge auf eine individuelle Weise wahrzunehmen und sich entsprechend mehr und mehr auszudrücken als eigenes Ich. Die erste Phase, die schon im Mutterleib beginnt, ist geprägt durch ein ständiges Ein- und Austauchen des kindlichen Bewußtseins in und aus seinem Körper, damit es sich allmählich an die körperliche Begrenzung und Wahrnehmungsweise gewöhnt. Das ist der Grund, warum Babies so viel schlafen müssen, denn im Schlaf zieht sich ihr Bewußtsein aus ihrem Körper und aus dieser Wirklichkeit zurück. Die zeitlose Seele des Kindes beginnt allmählich die Spielregeln von Raum und Zeit kennenzulernen und damit umzugehen. Der Schlaf ist eine natürliche Rückzugsphase, um in der Begrenzung von Raum und Zeit im Gleichgewicht bleiben und das Erfahrene verarbeiten zu können.

Die Spielregeln von Raum und Zeit werden in Form von Glaubenssätzen von der Umgebung, besonders aber von den Eltern vermittelt. Sie geben durch ihr Denken, Handeln und Fühlen Informationen in das Unterbewußtsein des Säuglings, aus denen sich ein See von Eindrücken formt, der dem Kind hilft, sich in der neuen Wirklichkeit zurecht zu finden. Diese Eindrücke bestimmen dann das Weltbild, in dem sich das Kind zum Ausdruck bringen wird.

Diejenigen Aspekte des Weltbildes, die der Grundpersönlichkeit des Kindes entsprechen, werden als erstes seinen Ausdruck bestimmen und ihm grundsätzliche Erfahrungen vermitteln. Solche Informationen sind für den kindlichen Ausdruck positiv, weil sie die Motivationskräfte der Grundpersönlichkeit unterstützen und von den Eltern angenommen werden. Wenn das Kind in der Grundpersönlichkeit aber Energiepäckchen hat, die den Eltern fremd sind, wird es schwieriger. Das Umfeld hält dafür keine Informationen bereit, die Eltern verstehen vielleicht die Bedürfnisse und Fähigkeiten des Kindes nicht und können entsprechend keine Hilfe geben. In der Regel werden sie in bester Absicht sogar negative oder hemmende Informationen geben, so daß ein Kind die restlichen Päckchen nur sehr schwer zum Ausdruck bringen kann oder sie vielleicht nicht einmal erkennt. Der unbewußte See, der durch die Informationen des Umfeldes entstanden ist, liegt wie ein Filter über der Grundpersönlichkeit und läßt nur diejenigen Impulse durch, die dem Filter, also dem Seeinhalt, entsprechen. Das Kind bekommt keine Informationen zu seinen andern Päckchen und vergißt irgendwann sogar, daß diese Päckchen da sind. Sie sind nicht mehr erkennbar und es weiß nicht, welche Fähigkeiten, Wünsche und Bedürfnisse es hat, und schon gar nicht, wie es diese zum Ausdruck bringen kann.

Das Bilden des Sees könnte man als einen Prozeß von Hypnose, bzw. als natürliche Ersthypnose bezeichnen, in der das Umfeld Wahrnehmungs- und Verhaltensmuster, Wertempfinden und Glaubenssätze erzeugt, mit denen sich das Ich identifiziert. Diese Ersthypnose bestätigt sich wie jede Hypnose in sich selbst, indem die Wirklichkeit durch diese Muster hindurch erlebt und durch die Reaktion darauf die Hypnose entsprechend gestärkt wird. Unter Hypnose ist in diesem Zusammenhang eine einseitige Ausrichtung der Wahrnehmung zu verstehen, in der das Wahrgenommene wichtig wird, alles andere aber unwichtig bleibt. Der so hypnotisch aufgebaute See bestimmt unsere Gedanken und Gefühle, prägt unsere Wahrnehmung und formt somit die persönlich erlebte Wirklichkeit. Die Energien der Grundpersönlichkeit und des Instinkts können sich nur insoweit zum Ausdruck bringen, als dies der See mit seinen Inhalten und Glaubenssätzen zuläßt. Er formt einen Filter für unsere Wahrnehmung des Umfeldes und auch für die Impulse unserer eigenen Grundpersönlichkeit.

Unsere Gedanken, Gefühle, Erwartungen, Hoffnungen, Ängste und überhaupt alle Energien, die wir in uns bewegen, prägen unsere Wirklichkeit. Die Inhalte unseres Sees filtern nicht nur unsere Wahrnehmung, sondern strahlen hinaus in das Umfeld und gestalten unsere Wirklichkeit entsprechend. Das, woran wir glauben und was wir erwarten, nehmen wir wahr, und das, was wir wahrnehmen, bestätigt unseren Glauben daran. Dieser Glauben an etwas manifestiert sich in unserer Wirklichkeit und bestätigt ebenfalls unseren Glauben. Damit entsteht ein Kreislauf, der sich selbst nicht unterbrechen kann, sondern einen verändernden Anstoß von außen braucht. Wer hypnotisiert ist, kann seine eigene Hypnose nicht erkennen.

Alle Sinneseindrücke sind im Grunde genommen hypnotisch, indem unsere Wahrnehmung ständig einseitig auf etwas gerichtet ist und unsere Konzentration einnimmt. In diesem Zusammenhang ist das Wahrnehmungs-Prinzip des Doppelreizes interessant, das besagt, daß immer dann, wenn ein dominanter Reiz und ein nicht-dominanter Reiz gleichzeitig wirken, der dominante Reiz die Wahrnehmung ablenkt, der nicht-dominante Reiz aber an dem Wahrnehmungsfilter vorbei das Unterbewußtsein prägt. Dieses Doppelreiz-Phänomen erklärt, warum die kindlichen Ersthypnosen so leicht aufgebaut werden. Wenn das Kind noch ganz klein ist und sein unterbewußter See entsprechend unberührt, hat es noch keinen Wahrnehmungsfilter und identifiziert sich deshalb mit allem. Aber auch dann, wenn sich ein Wahrnehmungsfilter gebildet hat, werden wir über entsprechende Reize ständig weiter mit hypnotischen Inhalten überschüttet, die es oft nicht einfach machen, unser Selbst und unsere Grundpersönlichkeit wahrzunehmen und auszudrücken.

Es gibt viele Faktoren, die unser Leben gestalten, aber keiner davon ist zufällig. Die Energien, die wir in uns tragen, und die Qualitäten in unserem Umfeld, auf die wir uns konzentrieren, sind wie Magneten, um die herum sich nach dem Gesetz der Entsprechung die Wirklichkeit formt. Ähnliche Energien in Form von Menschen oder Situationen werden davon angezogen. Von allen Möglichkeiten, die in dieser Wirklichkeit existieren, ziehen wir nur diejenigen an, die zu unseren eigenen Energien passen. Verändern wir unsere Energien, verändern wir auch unsere Lebensumstände. Um aber unsere Energien verändern zu können, müssen wir unseren See und entsprechend unsere Wahrnehmung verändern.

Die entscheidende Prägung durch das Umfeld geschieht in den ersten sechs Lebensjahren. In dieser Zeit ist das Kind weit offen für neue Impulse und hat in sich noch nicht das, was wir den Wahrnehmungsfilter genannt haben. Entsprechend ist auch das Selbstbewußtsein noch nicht ausgebildet. Je weniger Selbstbewußtsein ein Mensch hat, desto leichter ist er beeinflußbar oder auch „hypnotisierbar". Ist der Wahrnehmungsfilter einmal aktiv, dann wirkt er als kritische Ebene, die entsprechend den Inhalten des unbewußten Sees Wahrnehmungen ausfiltert, wodurch das Ich sich nicht mehr mit allem identifizieren kann.

In diesen ersten sechs Jahren der Urprägung oder Urhypnose entwickelt der Mensch in seinem See eine Art Glaubensstuktur, Ansichten über sich selbst, über die Welt und über die Beziehung zwischen ihm und der Welt. Auf diesem Selbstverständnis und dieser Wirklichkeitssicht baut sich sein späteres Handeln auf.

Kreislauf unausgedrückter Energien (Unzufriedenheit bis hin zur Depression) – die nicht ausgedrückten Persönlichkeitsenergien (Päckchen) stauen sich auf und erzeugen eine Druckblase. Entweder werden sie zunächst über andere Energiepäckchen ausgedrückt, oder sie explodieren ziellos und beginnen so den Kreislauf von Unzufriedenheit als Aufstau von Persönlichkeitsenergien über die Agression bis hin zur Depression als Unterdrückung aller Persönlichkeitsenergien, auch der bis dahin ausgedrückten.

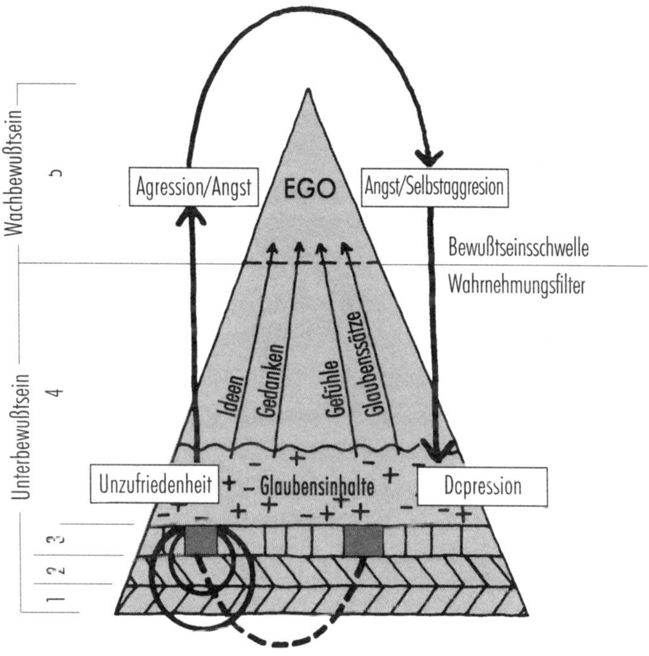

Zeichnung 3:
Grundmodell der Energiebewegungen in der menschlichen Psyche

Ebene 1:
Menschliches Urbewußtsein – im Unterschied zu pflanzlichem, tierischem und mineralischem Bewußtsein – Sitz der "menschlichen Idee".

Ebene 2:
Instinkt – sichert das physische Überleben (Körperbewußtsein, Lernfähigkeit, Speicherfähigkeit).

Ebene 3:
Grundpersönlichkeit – Persönlichkeitsenergien (Wünsche, Bedürfnisse und Fähigkeiten) als Motivationskräfte, gruppiert zu Energiepäckchen, die im Laufe eines Lebens zum Ausdruck kommen wollen.

Ebene 4:
See des Unterbewußtseins – Glaubenssätze, Bilder, Gefühle und Ideen setzen sich hier fest. Im Verlauf eines Lebens füllt sich der See mit immer mehr Inhalten, die entweder hemmend oder fördernd für den Ausdruck der Energiepäckchen sein können.

Ebene 5:
Ego – Identifizierung mit den in das Wachbewußtsein aufgetauchten Energien (Ideen, Gedanken, Gefühle und Glaubenssätze) aus dem See, teilweise auch aus der Grundpersönlichkeit.

Wie stark die Wirklichkeitssicht, die Erwartungshaltung und die Glaubenssätze entsprechend die persönliche Erfahrung beeinflussen können, wird an folgendem Beispiel deutlich. Wenn eine Mutter auf ihre Tochter den Glaubenssatz überträgt, daß Frauen kränklich und schwach seien und die Tochter deshalb achtgeben müsse, wenn es draußen regnet, um sich nicht zu erkälten, würde das Kind die Warnung so oft wahrnehmen, bis diese Erwartung auch in seiner eigenen Glaubensprägung verankert wäre. Als Folge davon würde es tatsächlich jedesmal krank, wenn es in den Regen käme, und es gäbe keinen Zweifel für das Kind, daß dies so auch sein müsse. Mit zunehmendem Alter würden ihm vielleicht andere Mädchen auffallen, die nicht erkältet sind, aber diese wären dann eben nicht normal, weil sie außerhalb des eigenen Weltbildes stünden.

Ein Mensch, der in den ersten sechs Jahren seines Lebens in einer bestimmten Richtung geprägt wurde, weist eine große Tendenz auf, diese Richtung auch später beizubehalten. Wenn er durch Umstände aus dieser Richtung heraus gedrängt wird, mag er sich vielleicht anders verhalten, aber in der Regel wird dies mit Zweifeln oder Schuldgefühlen verbunden sein.

Viele Ersthypnosen sind konfliktbeladen und behindern den freien Ausdruck des Instinkts und der Grundpersönlichkeit. Wesentliche Energien werden blockiert und wir sind gefangen in den Inhalten unseres unterbewußten Sees und haben vergessen, wie wir unser Leben in der Gegenwart gestalten könnten. Wir spüren nicht mehr, daß die Veränderung ein natürliches Lebensprinzip ist. Wir haben Angst vor unübersehbaren Folgen von Veränderungen und suchen krampfhaft nach Sicherheit und Beständigkeit, nach beständig geordneten Strukturen, obwohl wir ahnen, daß es diese vielleicht nicht gibt. Schon als Kind lernen wir für die Zukunft zu leben und den Erwartungen anderer Menschen zu entsprechen. Verpflichtungen und Zukunftsperspektiven lassen uns die Gegenwart vergessen. Wer aber für die Zukunft lebt, verliert seine Kraft und Ungezwungenheit in der Gegenwart. Wir beginnen ängstlich zu planen, aber das Planen begrenzt uns auf eine bestimmte Richtung und schließt andere Energien aus, grenzt uns ein. Das ängstliche Sicherheitsbedürfnis ist kein grundlegendes Bedürfnis unserer Persönlichkeit, sondern entsteht durch den Verlust des Kontaktes zu unserem eigenen Selbst, unserer Grundpersönlichkeit, wo eine tiefgreifende Sicherheit und Vertrauen in unsere Fähigkeiten und Energien vorhanden ist. Der Verlust dieser Sicherheit wird durch Festhalten und Planen auszugleichen versucht.

Diese verbreitete Angst vor Veränderung hält uns häufig davon ab, entschiedene Schritte zu einem sinnvollen Leben zu gehen. Wir fragen uns häufig erst, was mit unserer Familie wird, oder wie sich das Einkommen entwickeln kann, oder was die andern Menschen von unseren Aktivitäten halten werden, und würgen damit aufkommende Impulse aus den Tiefen unseres Seins ab. Wir kommen mit einer Lebensabsicht in dieses Leben, die in unserer Grundpersönlichkeit gespeichert ist. Wenn wir diese Absicht nicht zum Ausdruck bringen und das Potential unserer Grundpersönlichkeit nicht nutzen, gehen wir große Umwege zu unserem Ziel, verschwenden Energie und machen oft schmerzliche Erfahrungen, durch die wir wieder zu uns selbst zurückgeführt werden.

Unsere Lebensabsicht ist die treibende Kraft, die wir mitbringen, wenn wir in diese Wirklichkeit von Raum und Zeit eintauchen. Wird diese Absicht ohne Energieverlust und ohne Umwege ausgedrückt, fühlen wir uns zufrieden, glücklich und voll Energie. Der Lebenssinn wird erfüllt, wenn wir unseren Selbstausdruck suchen und unsere Energien und unser Potential nutzen.

Wenn wir unser Potential nicht nutzen, unsere Fähigkeiten nicht zum Ausdruck bringen, unsere Bedürfnisse und Wünsche nicht erfüllen, haben wir Probleme, die durch Energie- und Entscheidungsnot zustande kommen, und wir beginnen zu leiden. Dieses Leid kann durch Ersatzbefriedigungen (Alkohol, Nikotin etc.) kurzfristig gelindert, das Leben dadurch jedoch nicht sinnvoller gemacht werden. Wir versuchen der Sinnlosigkeit zu entgehen, indem wir unsere Aufmerksamkeit auf andere Lebensaspekte richten, auf Genuß oder sogar auf Krankheit, aber letztlich können wir erst zufrieden sein, wenn wir uns selbst zum Ausdruck bringen.

Die Art und Weise, wie wir unsere Absicht ausdrücken, kann sehr unterschiedlich sein. Alle Energiepäckchen haben eine Raum-Zeit-Qualität und sollten entsprechend dann und in dem Umfeld zum Ausdruck kommen, wo sie optimal genutzt werden können. Sie wirken sich aus auf unsere Persönlichkeit, unsere Gedanken, Gefühle und körperlichen

Energien und wir verändern uns, indem wir sie leben. Deshalb ist es wichtig zu lernen, zu jeder Zeit in der Gegenwart empfinden zu können, welche Päckchen ausgedrückt werden wollen, weil sie zur momentanen Situation passen und die optimale Energie liefern können.

Nur wenn wir unseren Energien gegenüber aufmerksam werden, können wir einen freien, natürlichen und spontanen Ausdruck von uns selbst leben. Dazu ist es wichtig, die Energien und Eingaben unseres Sees entsprechend so zu beeinflussen, daß wir eigentliches Selbstbewußtsein bekommen und es entsprechend leben können. Unsere Bereitschaft zum spontanen Ausdruck und zur Veränderung muß wieder größer werden und tief im See verankert sein.

An dieser Stelle möchte ich über einige Methoden sprechen, mit denen man Zugang zum Unterbewußtsein bekommen kann, um dort wünschenswerte Energiestrukturen zu aktivieren und alte Inhalte auszugleichen, bzw. zu verändern.

In der Kindheit wird das Unterbewußtsein durch Informationen und Glaubensmuster von außen geprägt. Diese Informationsinhalte bilden eine Energiestruktur, die gewissermaßen wie ein Filter das Ausdrucks- und Wahrnehmungsverhalten formt. Was nicht zu diesem Filter paßt, bzw. nicht dem Inhalt des Sees entspricht, wird kaum noch wahrgenommen oder wird verdrängt. Um neue Informationen wirkungsvoll im Unterbewußtsein zu verankern, ist es notwendig, entweder den Filter des Sees einschlafen zu lassen oder ihn zu umgehen, damit neue, nicht in Einklang mit den alten Glaubensinhalten stehende Informationen direkt in den See des Unterbewußtseins gelangen können.

Die erste Methode, bei der der Wahrnehmungsfilter zum Einschlafen gebracht wird, verwendet zum Beispiel Entspannungstechniken, die das Wachbewußtsein in einen Zustand tiefer Entspannung bis hin zur Schlafgrenze führen. In diesem Zustand erhöht sich die Aufnahmebereitschaft des Unterbewußtseins, seine sogenannte Suggestibilität enorm. Die Kritikfähigkeit wird auf ein Minimum reduziert, die Eingabe neuer Informationen wird leicht und wirkungsvoll. Diese tiefen Entspannungszustände können durch Musik, autogene Entspannungsmethoden oder hypnoide Techniken bewußt eingeleitet werden, oder entstehen auch natürlich als Übergangszustand, beim Einschlafen oder beim Aufwachen.

Wenn wir einen solchen tiefen Entspannungszustand erreicht haben, brauchen wir uns nur an die Eingaben erinnern, die wir machen möchten. Wir denken möglichst konkret an diese gewünschten Eingaben, stellen sie uns vor und empfinden dann möglichst intensiv Gefühle, die damit in Verbindung stehen. Wenn wir uns so damit identifizieren, werden die neuen Muster verinnerlicht und vom Unterbewußtsein aufgenommen und wirken dort sofort. Die äußere Wirkung oder Veränderung zeigt sich dann, wenn die Intensität der neuen Eingaben die der alten Informationen überlagert hat. Der Zeitraum, der dazu notwendig ist, hängt von der Häufigkeit der Eingaben und von der Intensität des Eingebens ab.

In der zweiten Methode können wir den Wahrnehmungsfilter umgehen, indem wir ihn bewußt ablenken und an ihm vorbei direkt Kontakt zum Unterbewußtsein herstellen. Diese Kontaktaufnahme darf aber nicht zu deutlich von unserem wachen und kritischen Bewußtsein wahrgenommen werden. Die Ablenkung des wachen Filters kann z.B. erfolgen, indem zwei Reize für unsere Wahrnehmung geschaffen werden, die von einer unterschiedlichen Dominanz sind. Der dominante Reiz lenkt dabei unsere bewußte Wahrnehmung ab, während die Information des nichtdominanten Reizes unbemerkt Zugang zu den unterbewußten Schichten erhält. Diese Methode entspricht dem Prinzip des Doppelreizes, das im Zusammenhang mit der Hypnose bereits besprochen wurde.

Das Prinzip mag als solches nicht allgemein bekannt sein, kommt aber häufig zur Anwendung, z.B. in der Werbung, wo üblicherweise ein stark dominanter Reiz durch schöne, anregende Bilder oder Musik ausgeübt wird und ganz nebenbei und unauffällig zusätzliche Informationen an dem Wahrnehmungsfilter vorbei direkt in das Unterbewußte hineinfließen und dort direkt wirken. Der nicht-dominante Reiz kann sogar unterhalb der Wahrnehmungsschwelle angeordnet werden, so daß die eingegebenen Informationen als Subliminalreize wirken und bewußt nicht erkennbar sind.

Bei der Anwendung dieser zweiten Methode kommen als Reizquelle visuelle oder akustische Reize in Frage. Visuelle Reize sind zum Beispiel Bilder oder Lichtsignale. Akustische Reize können durch Musik oder Tonsignale erzeugt werden. Wenn wir uns für einen Reiz entschieden haben, konzentrieren wir uns auf den gewählten Reiz und lassen diejenigen Gedanken, Gefühle und Bilder fließen, deren Energie uns prägen soll. Dazu kann man die Gedanken, Gefühle oder Bilder einfach in sich bewegen, oder man kann sie lesen oder sich vorlesen lassen, oder auch auf einer Kassette hören. Für die Wirksamkeit der neu eingegebenen Energie ist nicht so sehr die Art und Weise der Eingabe entscheidend, sondern vielmehr, daß man sich mit den Eingaben vollkommen identifizieren kann und sich ganz auf den gewählten Reiz ausrichtet.

Beide Methoden können unabhängig voneinander oder gemeinsam benutzt werden und lassen zusammen mit den verschiedenen Übungen am Ende eines jeden Kapitels ein vollkommen eigenständiges Üben zu. Als Unterstützung möchte ich zusätzliche, speziell von mir dafür entwickelte CD-Übungen erwähnen, die über ihre besondere Klangtechnik das Arbeiten mit den verschiedenen Bewußtseinsebenen vereinfachen und die Übungsziele entsprechend leichter erreichbar machen. Sie sind vor allem dann sinnvoll, wenn es sich als schwierig erweist, die notwendige innere Einstellung zu den Übungen alleine zu finden und man gerne eine äußere zusätzliche Hilfe in Anspruch nehmen möchte.

„Selbstbewußtsein"

Der Sinn dieser ersten Übung ist es, eine vorhandene grundsätzliche Angst vor Veränderungen im Leben zu verlieren und sich wieder bewußt zu werden, daß alles zu jeder Zeit veränderbar ist. Der Kanal zu den eigenen Fähigkeiten und Möglichkeiten soll frei werden und die Bereitschaft zum Selbstausdruck und die Motivation zu Veränderungen im persönlichen Leben wachsen. Damit beginnt sich ein tiefes Selbstbewußtsein zu entwickeln und ein Vertrauen in die eigenen Kräfte.

Als Vorbereitung bringen wir uns in einen Zustand tiefer Entspannung oder, alternativ dazu, wählen wir eine dominante Reizquelle wählen und stimmen uns dann auf folgende Ideen und Energien ein, die uns ab jetzt prägen sollen. Wir bewegen in uns diese Ideen ganz leicht und versuchen sie ganzheitlich zu empfinden und lassen sie ganz entspannt in uns wirken oder, alternativ dazu, bleiben dabei mit unserer Konzentration bei der gewählten Reizquelle, z.B. der Flamme einer Kerze.

- Ich bin in meinem tiefen Wesen unbegrenzt, ewig und frei. Ich bin unbegrenzt, ewig und frei.

- Wechsel ist der natürliche Rhythmus des Lebens. Alles ist veränderlich und ändert sich.

– All meine Kraft liegt in der Gegenwart. Ich bin frei von der Vergangenheit. Ich bin frei von der Zukunft.

Wenn wir diese Inhalte tief in uns einsinken lassen, werden wir bald spüren, daß wir entscheidungsfreudiger werden und unsere innere Sicherheit zunimmt. Unsere Motivation wird wachsen, diejenigen Änderungen in unserem Leben anzustreben, die notwendig sind, um uns selbst erfolgreich ausdrücken zu können. Mit dieser inneren Einstellung schaffen wir die Voraussetzungen dafür, unser Leben bewußt und kontrolliert so zu leben, wie wir es leben möchten, wie es zu uns paßt und wie es sinnvoll ist.

Ergänzend zu dieser Übung möchte ich meine CD „Ich Bin" empfehlen, die diese Ideen in einem tief entspannten Zustand sanft in den See unseres Unterbewußtseins hineintreiben läßt und dort wirksam macht. Wenn wir mit dieser Übung wirkliches Selbstbewußtsein aufbauen wollen, sollten wir zu Beginn ein bis zwei Mal pro Woche üben.

„Leitgedanken am Abend" und „Leitgedanken am Morgen"

Sinn dieser nächsten Übung ist es, uns sanft auf den nächtlichen Schlaf einzustimmen. Wir werden darauf vorbereitet, während der Nacht unsere Gedanken und Gefühle sich klären und lösen zu lassen, bereit zu sein für Antworten auf Fragen und Lösungen zu Problemen, zu denen wir im Wachbewußtsein keinen Zugang finden konnten. Der Zugang zu den Quellen unserer inneren Kraft und Weisheit soll sich mehr und mehr öffnen und uns helfen, den nächsten Tag sinnvoll und erfolgreich in unserem Sinn zu gestalten.

Für diese Übung nutzen wir den natürlichen Zustand tiefer Entspannung kurz vor dem Einschlafen und bewegen dann folgende Ideen in uns, indem wir an sie denken, sie fühlen und sie ganzheitlich wahrnehmen:

- Ich werde leicht und frei sein. Ich lasse mich leicht und frei in den Schlaf treiben.

- Ich lasse los und habe Vertrauen in die großen Kräfte meines gesamten Selbst.

- Ich lasse zu, daß mein größeres Selbst, meine Seele, die frei ist von Raum und Zeit, alles für mich löst und neu ordnet, so wie es gut für mich ist.

- Ich schlafe ein und habe Vertrauen zu den tiefen Schichten meiner Seele.

Mit diesen Ideen schlafen wir dann ein in dem Vertrauen, daß sich unser Unterbewußtsein während der Nacht damit auseinandersetzen und versuchen wird, sie Wirklichkeit werden zu lassen.

Am nächsten Morgen, wenn wir aufwachen, erinnern wir uns wieder an diese Ideen der Übung „Leitgedanken am Abend", und noch bevor wir ganz wach sind, stimmen wir uns als Übung für den Tag auf folgende Leitgedanken ein:

– Über Nacht hat sich alles geordnet, in mir und um mich herum.

– Ich habe Kontakt mit den tieferen Schichten meines Selbst aufgenommen. Die Energien meines größeren Selbst stehen mir für den heutigen Tag zur Verfügung.

– Ich bin wachsam, empfinde und fühle, was mein größeres Selbst mir sagen will.

– Ich gehe voll Vertrauen zu meiner inneren Führung in diesen Tag. Ich drücke all das aus und tue das, was gut für mich ist.

Während wir über diesen Gedanken aufwachen, bereiten wir uns auf den Tag vor. Wir sind eingestimmt, unsere Energien sind eindeutig ausgerichtet, und wir haben uns entschieden, nur das anzuziehen, was zu unserem erfolgreichen Ausdruck paßt.

Beide Übungen zusammen helfen uns, unsere inneren Kräfte wahrzunehmen und unterstützen die grundsätzliche Bereitschaft, diese auch für eine bewußte Lebensgestaltung zu nutzen.

Ergänzend zu diesen beiden Übungen empfehle ich die CD „Leitgedanken am Abend" und "Leitgedanken am Morgen", die uns sanft in den Übergangszustand zum Schlaf hinein und wieder herausführen und die Leitgedanken in den See unseres Unterbewußtseins einsinken lassen, auch wenn wir bereits während der Übung einschlafen. Diese Übungen werden sich beim täglichen Hören sehr wohltuend und energetisierend auswirken.

Kapitel 2

Energien der Menschlichen Psyche

Wesentliche Energien unserer Grundpersönlichkeit und unseres Instinkts werden in der Regel durch Inhalte des unterbewußten Sees blockiert. Wir mögen unser Energie-Potential vielleicht ahnen, aber die Ideen und Glaubenssätze, die in unserem See in der Vergangenheit verankert wurden, verhindern die genaue Wahrnehmung dieser Energien und somit auch deren Ausdruck. Unser Wachbewußtsein, unser „Ich" weiß nicht, wer wir wirklich sind, da wir uns mit den Ideen des Sees identifiziert haben. Wenn unser Instinkt oder unsere Grundpersönlichkeit Energien zum Ausdruck bringen will, für die es im See keine entsprechende Idee gibt, werden diese Energien vom See unterdrückt, bzw. ausgefiltert und deren Ausdruck verhindert.

Energien im See, die für den Ausdruck der Grundpersönlichkeit hemmend sind, können als negative oder als Minus-Energien bezeichnet werden. Sie sind nicht negativ im absoluten Sinne, aber sie wirken sich relativ zum eigenen Wesen und dessen Ausdruck hemmend aus. Energien, die für den Selbstausdruck günstig sind, können entsprechend als positive oder Plus-Energien bezeichnet werden und sind in meinem Schaubild auch so dargestellt.

Wenn Energien der Grundpersönlichkeit oder auch Energiepäckchen als Kombination von zueinander passenden Motivationsenergien wegen negativer See-Strukturen nicht zum Ausdruck kommen können, werden diese häufig umgeleitet auf andere Energiepäckchen, deren Ausdruck nichts im Wege steht. Diese zusätzliche Energie intensiviert den Ausdruck der anderen Persönlichkeits-Aspekte und verschleiert die tatsächliche Situation. Die Psyche empfindet auf diese Weise zwar nicht mehr so stark den Druck nicht ausgelebter Persönlichkeits-Energien, aber am eigentlichen Problem hat sich nichts geändert. Im Gegenteil, es kann sogar sein, daß der Ausdruck der anderen Motivationsenergien so übersteigert wird, daß die Psyche des Menschen zusätzlich aus dem Gleichgewicht gebracht wird.

Wenn die Energien der Grundpersönlichkeit und die Ideen des Sees nicht im Gleichklang stehen, entsteht ein Zustand von Disharmonie, den wir als Unzufriedenheit erleben. Unzufrieden sind wir dann, wenn wir entweder nicht das tun, was wir tun wollen und was uns entspricht, oder wenn wir etwas tun, was wir nicht tun wollen, weil es uns nicht entspricht, veranlaßt durch ungeeignete Ideen des Sees. Wenn sich Motivationsenergien über längere Zeit aufstauen und auch über andere Päckchen keine Möglichkeit finden, sich vorübergehend auszudrücken, wird der persönliche Ausdruck verhindert. Die Energien, die nicht durch die Persönlichkeit fließen können, erzeugen einen energetischen Druck, der sich als Unzufriedenheit äußert. Leider sind wir in unseren Gewohnheiten oft nicht fähig zu erkennen, daß wir unzufrieden sind oder woher die Unzufriedenheit kommt. Unsere Wahrnehmungshypnosen verzerren den Blick für die Wirklichkeit und verschleiern unsere wirklichen Bedürfnisse, Wünsche und Fähigkeiten. Das Ausdrucks-Problem kann nicht gelöst werden und unsere Unzufriedenheit wächst. Wenn dann über längere Zeit kein eindeutiger Grund für die Unzufriedenheit gefunden wird, kann es zu einem unkontrollierten Ausbruch dieser gestauten Energie kommen, um unsere Psyche vorübergehend wieder ins Gleichgewicht zu bringen. Diesen Ausbruch von ungerichteter Energie nennt man Aggression oder Wut.

Die Aggression in diesem Sinne ist deshalb eigentlich kein Fehlverhalten, sondern ein natürliches und lebenswichtiges Ventil für die Psyche, um die aufgestaute Energie zunächst einmal abführen zu können. Auf der anderen Seite ist Aggression aber auch kein natürlicher Aspekt der Persönlichkeit, wenn sie so ziellos zum Ausdruck kommt.

Die in der Aggression abgelassene Energie setzt uns vorübergehend wieder in ein Gleichgewicht, aber macht langfristig unser Problem noch schwieriger, da das Ausdrucksproblem nicht gelöst wird und zusätzlich Druck von außen entsteht. Die Umwelt wendet sich allmählich aggressiv gegen uns zurück. Wut ist der Ausdruck von Verzweiflung über den eigenen Nichtausdruck und ist eigentlich gegen sich selbst gerichtet, selbst wenn sie nach außen gerichtet scheint. Wut befreit, wenn sie herausgelassen wird, aber sie hilft selten, sich selbst besser zu erkennen. Unsere Persönlichkeitsenergien rutschen immer weiter unter die Wahrnehmungsschwelle und werden schwerer auffindbar.

Wenn eine offene Aggression aus verschiedenen Gründen nicht möglich ist, z.B. weil man in seiner Ausdrucksform eher introvertiert ist, dann kann sich die aufgestaute Energie auch als Angst äußern. Angst als Ausdruck von Machtlosigkeit, als das Gefühl, nicht sinnvoll sich selbst sein zu können, keine Kontrolle zu haben und von äußeren Umständen abhängig zu sein. Dieses Gefühl von Machtlosigkeit ist die Urform jeder Angst. In der Regel wird dieses Gefühl in der Vergangenheit an das Ereignis geknüpft, bei welchem die Angst zuerst auftrat und später assoziativ mit ähnlichen Situationen in Verbindung gebracht, die dann ebenfalls angsterregend sind. Aber es ist nicht die Art des Ereignisses, sondern das Gefühl der Machtlosigkeit, das tiefe Spuren hinterlassen hat. Oft geht die Erinnerung an das tatsächliche Ereignis verloren und die Angst äußert sich ungerichtet. Die Ursache aber bleibt das Gefühl von Machtlosigkeit und Sinnlosigkeit.

Wenn die Unzufriedenheit und als Folge davon die Aggression erst einmal in Gang gesetzt ist, werden die Zeitabstände zwischen den aggressiven Ausbrüchen immer kleiner, ohne daß sich am eigentlichen Problem etwas ändert. Häufig sind sich Menschen ihrer Angst oder ihrer Wut nicht bewußt und drücken sie entsprechend auch nicht aus, verdrängen sie und leiden. Sie wenden sich dann Therapiemethoden zu, die ihnen helfen, ihre Energien loszuwerden, sie zu spüren und anzunehmen. Im Sinne einer Selbsterfahrung ist dies sicher ein sinnvoller Schritt, aber auch dabei sollte man im Auge behalten, daß sich das Grundproblem noch nicht geändert hat, selbst wenn vorübergehend Erleichterung vermittelt wird. Die Energien werden sich so lange aufstauen, bis sie natürlich zum Ausdruck kommen können. Es mag interessant sein zu wissen, was oder wer den Ausdruck in der Vergangenheit behindert hat, aber noch wichtiger ist es, seine Energien kennenzulernen, die ausgedrückt werden wollen. Erst der Ausdruck der Persönlichkeit wird dauerhaft zu einer Auflösung von Aggression und Ängsten führen.

Wenn die Entwicklung und der Ausdruck von Aggression oder Angst einige Zeit gewirkt hat, ohne daß positive Veränderungen im Sinne von mehr Selbstausdruck eintraten, wird die Aggression sich langsam gegen einen selbst richten. Man beginnt sich selbst nicht mehr leiden zu können und das Selbstwertgefühl geht verloren. In dieser Phase kann sich auch eine Angst vor sich selbst und den eigenen unkontrollierten Reaktionen entwickeln. Die Energien richten sich mehr und mehr gegen einen selbst bis zu dem Punkt, wo der betroffene Mensch entscheidet, überhaupt keine Energien mehr zum Ausdruck bringen zu wollen. Als Folge davon unterdrückt er alle Motivationsenergien, auch die für ihn günstigen, die er bis dahin zum Ausdruck gebracht hat. Diesen Zustand der unterdrückten Persönlichkeit kann man Depression nennen. Der depressive Mensch hat sich von seinen Grundenergien abgeschnitten und über lange Zeit sinnlos gelebt. Depression ist in diesem Verständnis keine Krankheit, sondern das letzte Glied einer langen

Kette von Selbstverleugnung, von Verlust des eigenen Selbst.

Wenn wir in diesem Kreislauf irgendwo gefangen sind und unsere Energien verpuffen, können wir unmöglich unser Leben sinnvoll steuern und uns zum Ausdruck bringen. Wir haben keine ausreichende Energie mehr zur Verfügung.

Nicht immer ist Depression das letzte Glied der Entwicklung, in der sich der Mensch verloren hat und ein für ihn sinnloses Dasein fristet. Manchmal machen sich die unterdrückten Energien stark und formen Gruppen von Energiepäckchen mit großer Intensität. Wenn die Intensität groß genug ist, verselbständigen sie sich zeitweise, brechen vehement hervor und drücken sich vorübergehend eigenständig aus.

Manisch-depressive Menschen z.B. haben oft ihre Energien durch Schuldgefühle über lange Zeit verdrängt und waren entsprechend depressiv. Plötzlich aber drängen die unterdrückten Päckchen vehement zum Ausdruck und entfalten diese Aspekte der Persönlichkeit in übersteigerter Form. Der spontane Ausdruck ist verbunden mit viel Energie, Kreativität und Freude über das Erleben des eigenen Selbst. Nach einiger Zeit holen aber die alten Schuldgefühle den Menschen wieder ein, der Ausdruck geht zu Ende und Depression macht sich breit. Wenn sich dann die unterdrückten Motivationsenergien wieder stark gemacht haben, kann es zu einem neuen, euphorischen, manischen Ausdruck kommen.

Die Gründe für das Unterdrücken der Persönlichkeit können vielfältiger Natur sein, haben aber in der Regel mit falschen Vorbildern und mit Schuldgefühlen zu tun. Heilbar oder lösbar wäre diese Symptomatik, wenn die übertrieben ausgedrückten Persönlichkeitsenergien harmonisch mit den in der Depression ausgedrückten Persönlichkeitsaspekten verbunden würden. Die verursachenden hemmenden Zweifel und Schuldgefühle müßten durch Umformen der Inhalte des unterbewußten Sees aufgelöst werden.

Bei schizophrenen Menschen verbinden sich oft nicht-ausgedrückte Päckchen und verselbständigen sich in einem Maße, daß sie vorübergehend das Wachbewußtsein überrollen können und ein Eigenleben führen. Es kommt zu eigenständigen Spaltpersönlichkeiten, die frei von Schuldgefühlen und sonstigen Hemmungen zeitweise die Kontrolle übernehmen, ohne daß später das wachbewußte Ich dafür verantwortlich gemacht werden kann. Bisweilen sind es aber nicht nur die eigenen Grundenergien, die sich verselbständigen, sondern auch im See entstandene Energien, wie Wut oder Angst, die sich frei von moralischen, ethischen oder sonstigen Schranken Erlösung verschaffen. Wenn es mehrere Energiekomplexe gibt, die sich verselbständigen wollen und die nicht miteinander vereinbar sind, kann es zu mehreren Spaltpersönlichkeiten kommen, die abwechselnd die Kontrolle übernehmen und in sich völlig selbständig einen Ausdruck haben. Man spricht in diesem Zusammenhang nicht von Schizophrenie, sondern von Multipler Persönlichkeitsspaltung. Eine Heilung wäre in solchen Fällen möglich, wenn die eigentlichen Spaltpersönlichkeiten miteinander verschmolzen werden könnten, und die Schattenpersönlichkeiten aus dem See damit überflüssig würden. Diese Schattenpersönlichkeiten sind rein hypnotische Gedankenformen, die im See entstehen und nichts mit der Grundpersönlichkeit zu tun haben. Spaltpersönlichkeiten haben die Tendenz, zusätzliche Energien von außen an sich zu binden und dadurch stärker zu werden. Dies läßt sich besonders in Fällen von Besetzheit oder Besessenheit beobachten.

Neurosen entstehen, wenn sich das Ich mit hypnotischen Verhaltensweisen des Sees identifiziert und in ihnen den eigenen Ausdruck verhindert. Verantwortlich sind dabei auch meistens Schuldgefühle gegenüber eigenen Bedürfnissen und Wünschen, deren Ausdruck Neurotiker mit ihrem Verhalten verhindern, um sich somit nicht damit auseinandersetzen oder gar dazu stehen zu müssen.

Wenn der Mensch lange genug in diesem Kreislauf von Unzufriedenheit bis zur Depression verharrt, schneidet er sich von seiner Grundenergie ab, er nimmt sich die Lebensgrundlage und beginnt zu sterben, zunächst psychisch und dann körperlich. Die Psyche und der Körper sind wie Spiegelbilder von einander. Entwicklungen, die sich in der Psyche abspielen, zeigen sich in irgendeiner Form auch am Körper. Aggression und Angst können sich zum Beispiel als entzündliche Erscheinungen am Körper oder als Störungen in der Körperrhythmik äußern. Selbst-Aggression oder Angst vor sich selbst lassen die Rhythmusstörungen zunehmen oder die entzündlichen Erscheinungen chronisch werden.

Depression endlich hemmt alle steuernden Körperprozesse und leitet einen Zustand der Selbstzerstörung ein, indem sich der Körper selbst die Möglichkeit nimmt, aktiv zu sein.

Wenn wir unser Leben frei gestalten wollen, müssen wir Energien zur Verfügung haben und diese frei lenken und gestalten können. Wir müssen wissen, wer wir sind, wie unsere Grundpersönlichkeit geartet ist und wie wir diese zum Ausdruck bringen können, ohne daß uns der See mit seinen Ideen und Sichtweisen davon abhalten kann. Erst wenn wir zufrieden sind, haben wir uns selbst gefunden. Um unsere Grundpersönlichkeit, unser wahres Ich spüren und erkennen zu können, müssen wir einen Bewußtseinszustand suchen, in dem der See unseres Unterbewußtseins mit all seinen Ideen über uns und die Wirklichkeit nicht mehr aktiv ist. Solche Zustände können in Meditation und in tiefen geistigen und körperlichen Entspannungsphasen gefunden werden, wie sie z.B. beim Einschlafen und Aufwachen entstehen, oder unter Verwendung von optischen oder akustischen Hilfen wie Hemisphärensynchronisation entstehen, die die normalen Wahrnehmungsmuster auflösen. Wenn es uns nur unvollkommen gelingt, die eigene Grundpersönlichkeit zu spüren, können wir aber über andere Wege immerhin herausfinden, wann wir Dinge tun, die uns nicht entsprechen, um mit dieser Information dann unseren unterbewußten See und damit unser Verhalten, Denken und Fühlen entsprechend zu verändern. Wir schalten damit hemmende Faktoren in uns selbst mehr und mehr aus und nähern uns freier unserem wahren Ausdruck.

Praktische Übungen zu Kapitel 2

„Wahres Selbst"

In dieser Übung werden wir uns öffnen für Impulse aus unserer Grundpersönlichkeit und damit für mehr Selbstbewußtsein. Wir erkennen, wer wir sind und was wir zum Ausdruck bringen wollen. Unser Lebenssinn wird erkennbar, indem wir beginnen, die Energien unseres Wesens, die uns durch unser Leben führen und unseren Lebenssinn zeigen, zu spüren und zu verstehen.

Mit dem Verständnis dieser Energien können wir klar entscheiden, welche Ideen im See unseres Unterbewußtseins verankert werden müssen, damit wir unser Wesen vollkommen zum Ausdruck bringen können, und welche Energien dort auszugleichen oder zu verändern sind, damit wir ganzheitlich frei werden.

Für diese Übung ist ein Zustand von extrem tiefer Entspannung erforderlich, tief genug, damit unsere übliche Kritikfähigkeit, unser übliches Denken und Fühlen ausgeschaltet oder zumindest eingeschränkt sind. In einem solchen Zustand fragen wir uns dann ohne Erwartungshaltung und ganz wertfrei:

- Wer bin ich?
- Was sind meine wirklichen Wünsche, was brauche ich in diesem Leben?

- Welche Qualitäten und Fähigkeiten habe ich?

- Mit welchen Menschen möchte ich in diesem Leben Kontakt haben, wie sollen sie sein?

- Was ist für mich in diesem Leben wichtig, und was möchte ich erlebt haben, bevor ich aus diesem Leben scheide?

- Was soll ich in diesem Leben lernen, um vollkommen mich selbst sein zu können?

Wenn Antworten kommen, ist es wichtig, diese einfach wirken zu lassen, sie nicht zu deuten oder versuchen zu verstehen, damit wir nicht auf die Ebene unserer Kritik kommen. Allein das Suchen nach diesen Antworten wird etwas in uns in Bewegung setzen, und irgendwann werden die Antworten von selbst verständlich sein. Wir werden den Grundton unserer Seele spüren.

Diese Übung sollten wir alle zwei bis vier Wochen machen, um keinen Erwartungsdruck aufkommen zu lassen und zuzulassen, daß sich die Antworten verändern und von unterschiedlicher Tiefe sein können.

Ergänzend zu dieser Übung empfehle ich die dafür entworfene Übungs-CD „Grundpersönlichkeit". Sie führt über ihre Tontechnik besonders leicht in Entspannungszustände der Tiefe, in der Wertmaßstäbe nicht mehr wirksam sind und in welchen die Ideen des Sees unseres Unterbewußtseins die Wahrnehmung unserer Grundpersönlichkeit nicht mehr stören. In tief entspanntem Zustand beginnen wir unsere Absicht für dieses Leben zu ahnen, wir erhalten Impulse darüber, was und wer wir tatsächlich sind. Es ist nicht einfach, die eigene Grundpersönlichkeit zu spüren, und es kann manchmal lange dauern, bis man die Bewertungen des Sees der Glaubenssätze hinter sich gelassen hat.

Kapitel 3

Selbsterkenntnis und Selbstfindung

Das Erspüren der eigenen Grundpersönlichkeit kann ein langwieriges Unternehmen sein. Die eigenen Wünsche, Bedürfnisse und Fähigkeiten, die Triebfedern für eine sinnvolle Lebensführung sind oft durch die dominanten Ideen des Sees unseres Unterbewußtseins stark verfremdet und bis zur Unkenntlichkeit verzerrt. Wenn sich dieser Weg als zu schwierig herausstellt, haben wir noch eine andere Möglichkeit um herauszufinden, in welcher Weise wir die Energien des unterbewußten Sees verändern müssen, um uns selbst näher zu kommen. Diejenigen Aspekte der Grundpersönlichkeit, die ungehindert zum Ausdruck kommen, brauchen wir nicht zu verstehen, denn dort gibt es nichts zu verändern. Aber wir können die Lebensbereiche erforschen, wo sich die Grundpersönlichkeit nicht ausdrückt und untersuchen, welche Energien im See diesen Ausdruck verhindern. Dazu brauchen wir die Grundpersönlichkeit nicht einmal zu kennen. Es reicht aus, wenn wir herausfinden können, wann und wo sie in ihrem Ausdruck gehemmt wird. Dies ist relativ einfach, denn gehemmt werden wir, bzw. die Grundpersönlichkeit in den Lebensbereichen, in welchen wir unzufrieden sind. Wir sind dann unzufrieden, wenn wir nicht das tun, was wir tun möchten und wozu wir die Fähigkeiten haben, oder wenn wir etwas tun, was wir nicht tun wollen und wozu wir vielleicht auch nicht die entsprechenden Fähigkeiten haben.

Wir müssen also alle Lebensbereiche genau und möglichst ehrlich betrachten und feststellen, wo wir unzufrieden sind und uns dann fragen, warum wir dies zulassen, bzw. was uns dazu treibt. Die Gründe liegen in unseren Ideen über uns und die Wirklichkeit. Diese Ideen, die uns dazu bringen, nicht entsprechend unserem Lebenssinn zu leben, müssen wir finden und dann mit Methoden verändern, die später noch genau erläutert werden.

Ein Weg, um unsere Lebensführung besser zu verstehen, ist, mehrmals am Tage innezuhalten und sich zu fragen, was man gerade tut, warum man es tut und wie man sich dabei fühlt. Es ist dabei wichtig, alle Gedanken und Gefühle die auftauchen wertfrei vorbeiziehen zu lassen, sie zu beobachten und zu registrieren. Zusätzlich sollten wir uns dann jeden Abend etwas Zeit nehmen und die gleichen Fragen in Ruhe nochmals überdenken. Wir können uns z.B. fragen, wie der Tag gewesen ist, warum wir ihn so gestaltet haben und ob wir uns wohl fühlten. Im gleichen Zusammenhang denken wir über den nächsten Tag nach und entscheiden für uns, wie wir den Tag gestalten und uns fühlen möchten. Es ist dabei wichtig zu versuchen, für den nächsten Tag bewußte Entscheidungen zu fällen und dabei spüren zu können, ob man wirklich hinter den Entscheidungen steht, oder welche Ideen einem hinderlich sind.

Diese beiden Übungen werden bei regelmäßiger Durchführung einen tiefen Selbsterkenntnisprozeß in Gang setzen, indem wir fühlen und wahrnehmen, was wir tun, was uns dazu treibt, was uns hemmt und wieviel uns wirklich daran liegt. Allein diese Bewußtwerdung kann viel in uns verändern. Wir werden uns selbst, aber auch anderen Menschen und dem Umfeld gegenüber klarer. Dieses Bewußtsein über uns selbst, unsere Gedanken, Gefühle und unser Handeln läßt ein echtes „Selbstbewußtsein" wachsen, in dem wir uns erkennen und in dem wir Selbstvertrauen finden können, wenn wir mehr und mehr bewußt hinter dem stehen, was wir tun.

Dieses Selbstbewußtsein ist überhaupt nicht das gleiche wie Leistungsbewußtsein, mit dem es häufig verwechselt wird. Leistungsbewußtsein ist das Bewußtsein über die eigene Leistung, die entsprechend der Beurteilung anderer gesucht wird. Auch wenn man an sich selbst Leistungsansprüche stellt, sind diese wahrscheinlich in der Vergangenheit durch andere oder durch die Konfrontation und Abgrenzung von anderen Wertesystemen des nahen Umfeldes entstanden und haben wenig mit der Erfüllung eigener Bedürfnisse zu tun. Wenn in diesem Leistungsbewußtsein eine Leistung erbracht wird und man entsprechend Anerkennung findet, baut sich darauf ein scheinbares Selbstbewußtsein auf, was aber mit einem Bewußtsein über sein Selbst nichts zu tun hat, sondern einen Stolz auf die Leistung darstellt, die entsprechend dem Wertesystem des Umfeldes Anerkennung gefunden hat. Dieses scheinbare Selbstbewußtsein ist sehr anfällig, da es auf der Meinung anderer aufgebaut ist, erzeugt oft Leistungsdruck und Ängste und führt damit vom eigenen Selbst weg. Wenn wir uns dabei ertappen, daß wir Leistung erbringen wollen und entsprechend ängstlich und unter Druck unser Leben gestalten, liegt der Verdacht nahe, daß wir es nicht um unserer eigenen Bedürfnisse willen tun. Selbstbewußtsein ist Ausdruck von Wissen über sich selbst, von der bewußten und freien Entscheidung sein Leben so zu gestalten, wie es einem selbst entspricht, unabhängig von der Meinung und den Erwartungen anderer Personen. Nur in diesem Selbstbewußtsein kann man auf Dauer die Impulse seiner Grundpersönlichkeit wahrnehmen und zum Ausdruck bringen.

Praktische Übungen zu Kapitel 3

„Selbsterkenntnis"

In dieser Übung versuchen wir, die normale Betrachtungsweise unseres Lebens zu verlassen und uns für Impulse von tieferen Ebenen, jenseits der Ideen unseres unterbewußten Sees zu öffnen, um neutral wahrzunehmen, wie wir sind, wie wir leben und was uns bewegt.

Wenn wir ein wirklichkeitsnahes Bild über unsere eigenen Energien und unsere Art, diese in unserm Leben einzubringen haben, können wir bewußter entscheiden, ob wir etwas ändern wollen und an welchen Ideen wir arbeiten müssen, damit eine solche Veränderung möglich wird. Wir müssen im Detail entscheiden, was in unserem Leben nicht angenehm ist und warum wir es bis jetzt nicht geändert haben.

Nur zu wissen, daß es uns besser gehen könnte, ohne aber zu verstehen in welchen Bereichen genau und warum, ist es kaum möglich, an unseren hemmenden Ideen zu arbeiten und unser Leben kontrolliert zu verbessern. Für diese Übung ist es sinnvoll, eine regelmäßige Zeit der Selbstbeobachtung einzuführen, in der man sich selbst und die eigene Position im persönlichen Leben hinterfragt, vielleicht einmal oder zweimal im Monat. Wir machen es uns dazu ganz bequem und suchen einen möglichst tiefen Zustand der Entspannung, in dem unsere normalen Denk- und Betrachtungsweisen weniger aktiv sind. Dann bewegen wir die folgenden Fragen in uns und lassen alle Bilder, Gefühle und Gedanken, die assoziativ dazu aufsteigen, entspannt vorbeitreiben:

Fragen zum Beruf:
Was denke ich über meinen Beruf, meine Freizeit, meinen Selbstausdruck, meine Mitarbeiter, meine Abhängigkeit, mein Einkommen? Wie fühle ich mich morgens, wenn ich an meine Arbeit denke und abends, wenn mein Arbeitstag abgeschlossen ist? Erzähle ich anderen über meine Arbeit, in welcher Form, und was? Was denken andere über meinen Beruf – meiner Meinung nach? Kann ich mir vorstellen, ihn bis ins hohe Alter auszuüben? Wie empfinde ich meinen Arbeitsplatz, die Atmosphäre dort, Belichtung, Umfeld?

Fragen zu zwischenmenschlichen Beziehungen:
Welche Beziehungen pflege ich privat und beruflich? Wie tausche ich mich mit den Menschen aus? Welchen Umgang pflege ich? Wieviele Beziehungen sind freiwillig gewählt, wieviele bestehen zufällig oder auf Grund äußerer Umstände? Warum pflege ich diese Beziehungen?

Fragen zur Partnerschaft:
Warum möchte ich eine Partnerschaft? Was verspreche ich mir davon? Welche Art von Partnerschaft möchte ich haben? Welche Art von Partnerschaft habe ich? Wie lange sollte meine Partnerschaft dauern, bis sie mir das geben kann, was ich suche? Welche Rolle sollte der Körper,

das Gefühl, die Gedanken in meiner Partnerschaft spielen? Wie möchte ich mich körperlich, geistig und seelisch auf meinen Partner beziehen? Wieviel Zeit möchte ich für meine Partnerschaft aufwenden? Welche Wichtigkeit hat die Partnerschaft in meinem Leben?

Fragen zum Körper:
Welchen körperlichen Ausdruck habe ich im Moment? Wie möchte ich mich durch meinen Körper ausdrücken? Wie sehen andere Menschen meinen Körper? Mag ich meinen Körper? Wie drücke ich mich durch meine Kleidung aus? Fühle ich mich in meiner Kleidung wohl? Achte ich darauf, daß ich mich in meiner Kleidung wohl fühle? Wie ist der gesundheitliche Zustand meines Körpers, was braucht er, was möchte er, was fühlt er? Befriedige ich die Bedürfnisse meines Körpers?

Fragen zur Lebensführung:
Was denke ich über mich und mein Leben: Drücke ich mich freiheitlich aus? Spüre ich mich in meinem Leben, bin ich mir meiner Gefühle, Gedanken und meines Handelns bewußt? Welche Ziele verfolge ich in meinem Leben, jetzt in der Gegenwart, in der nahen Zukunft, in der fernen Zukunft? Welche Gefühle trage ich in mir gegenüber meinem Leben, der Welt allgemein, den Menschen, die ich kenne? Sind mir andere Menschen und ihre Meinung wichtig? Was möchte ich in diesem Leben erreichen, bevor es zu Ende geht? Was möchte ich zu mir selbst sagen können, wenn mein Leben zu Ende geht?

Nach der Übung sollte man sich nicht sofort mit den Antworten auseinandersetzen, sondern sie zunächst einfach auf sich wirken lassen und sie vielleicht aufschreiben, damit man später praktisch mit ihnen arbeiten kann. Diese Art der entspannenden Selbstbeobachtung bringt sehr viel Klarheit über das eigene Leben und Handeln und die mit der Zeit gewonnenen Erkenntnisse werden Energien in Bewegung setzen, die uns helfen, unsere Einstellungen zu uns selbst und zu unserem Leben zu verändern und bewußter damit umzugehen.

Wir werden zunehmend wacher unserem Leben gegenüber und die Motivation, unangenehme Aspekte aus der Lebenserfahrung herauszuwerfen wird größer, selbst wenn damit Unannehmlichkeiten verbunden sind.

Diese Übung läßt sich wirksam ergänzen durch meine Übungs-CD „Selbsterkenntnis". Sie führt sanft in einen Zustand tiefer Entspannung und wir hören die Fragen, ohne daß wir selbst darüber nachdenken und sie formulieren müssen. Tief entspannt warten wir auf die Impulse, die durch die Fragen angeregt werden und lassen sie an die Oberfläche unserer Wahrnehmung treiben. Selbst wenn wir während dieser CD-Übung einschlafen sollten, werden Impulse in Gang gesetzt, die später wirksam werden.

Wenn wir diesen Prozeß der Selbsterkenntnis noch vertiefen wollen, können wir die Fragen bewußt in den nächtlichen Schlaf hineinnehmen, damit sie unser Traumgeschehen entsprechend beeinflussen. Unabhängig davon, ob die Träume dann erinnert werden, werden sie auf jeden Fall Erkenntnisprozesse in Gang setzen und möglicherweise über Nacht etwas in uns verändern. Wenn wir diese nächtliche Übung machen wollen, sollten wir uns vor dem Einschlafen entspannen und dann direkt vor dem tatsächlichen Einschlafen die Fragen kurz andenken und fühlen, sie dann aber wieder loslassen, damit der Schlaf entspannt beginnt. Wer mit dem Einschlafen oder auch mit dem bewußten Erinnern der Träume Probleme hat, kann mit meiner Übungs-CD „Traumbewußtsein" üben. Sie unterstützt suggestiv und durch eine spezielle Hemi-Sync-Tontechnik das Einschlafen und aktiviert das Erinnerungsvermögen am nächsten Morgen.

„Neue Orientierung"

Die Übungen zur Selbsterkenntnis schaffen ein Bewußtsein über die eigenen Energien und die Art und Weise, wie diese in das tägliche Leben einfließen. Man wird sich seiner selbst mehr und mehr bewußt, erkennt seine Gefühle, sein Denken und sein Handeln und beginnt seine Wahrnehmung dafür zu schärfen, was im eigenen Leben verändert werden muß. Um jetzt aber wirkliche Motivation für Änderungen aufzubauen, ist es auch notwendig, Alternativen für die gegenwärtigen Zustände zu haben, neue Perspektiven zu finden, wie das eigene Leben sein könnte. Wenn man zu lange in seinen Ideen verstrickt ist, hat man oft Angst, neue Perspektiven zu suchen aus der Angst vor Veränderung heraus, oder aus dem Zweifel, ob man Linderung überhaupt schaffen könnte.

Diese Übung hilft uns, Phantasien frei fließen zu lassen, ohne daß diese notwendig einen Realitätsgehalt haben müßten, um uns gewissermaßen aus verkrampften oder festgefahrenen Entwicklungen freizuschwimmen. Wir bringen uns dazu in einen entspannten Zustand und beginnen Ideen, Bilder, Gedanken, Gefühle und Situationen auszudenken, die unser Leben schön gestalten könnten. Wir denken an andere Menschen, an Filme, die wir gesehen haben, an Erzählungen und übertragen auf unser Leben all das, was wir als schön und angenehm empfinden. Es ist vollkommen unwichtig, welche Phantasien jeweils Wirklichkeit werden könnten, denn in diesen Strom von Ideen werden sich ganz spielerisch auch unsere wahren Wünsche einflechten und uns entsprechend motivieren. Wir baden ganz zwanglos in diesen Bildern und Phantasien und lassen ihre Energien in uns wirken. In diesem zwanglosen Spiel mit Möglichkeiten werden wir auch frei, Impulse unserer Grundpersönlichkeit wahrzunehmen, die als Wunsch, Bedürfnis oder Fähigkeit zum Ausdruck kommen wollen. Einige dieser Phantasien, vielleicht in veränderter Form, werden als Teil von uns deutlich werden und bilden später Alternativen zu den Lebensumständen, die wir verändern wollen.

Wenn wir mit diesen Phantasien spielen, ist es wichtig auf unsere Gedanken und Gefühle zu achten, denn diese können uns nicht nur Aufschluß darüber geben, welche Ideen einen Teil von unserem eigentlichen Selbst darstellen, sondern auch welche Ideen in unserem unterwußten See hemmend diesen neuen Energien gegenüberstehen und ausgetauscht werden müssen.

Wir machen es uns für diese Übung gemütlich und versuchen, eine wirklich verspielte Einstellung aufzubauen. Mit dieser Einstellung sammeln wir dann Eindrücke und Ideen aus den folgenden Lebensbereichen, ähnlich wie bei der Übung Selbsterkenntnis, und lassen unseren Phantasien freien Lauf.

Beruf:
Wie stelle ich mir meinen Beruf optimal vor? Auf welche Art und Weise könnte er mir Spaß machen? Was soll mein Beruf mir geben?

Zwischenmenschliche Beziehungen:
Wie wünsche ich mir meine zwischenmenschlichen Beziehungen? Wie möchte ich mich mit anderen Menschen austauschen? Wie möchte ich mich ihnen gegenüber ausdrücken? Wie möchte ich mich mit ihnen fühlen?

Partnerschaft:
Wie stelle ich mir eine schöne, erfüllende Partnerschaft vor? Welche Gefühle möchte ich in meiner Partnerschaft haben? Wie möchte ich mich in meiner Partnerschaft ausdrücken? Was möchte ich geben?

Körper:
Wie stelle ich mir meinen Körper vor, so daß ich mich darin wohlfühle? Wie möchte ich mich in meinem Körper zum Ausdruck bringen? Wie soll mein Körper auf andere wirken?

Lebensgestaltung:
Welche Ereignisse sollen mein Leben bestimmen, wo möchte ich sein, mit welchen Personen? Wie möchte ich mich fühlen und ausdrücken? Was möchte ich gerne haben? Was möchte ich erlebt haben, bevor ich aus diesem Leben scheide?

Diese Phantasien sollte man so häufig in sich bewegen, wie man Freude daran hat, ganz verspielt, in der Einstellung, daß auch diese Energien versuchen werden, entsprechende Umstände anzuziehen.

Vielversprechend ist es auch, mit diesen Phantasien das Traumgeschehen zu aktivieren und die Traumenergien für sich arbeiten zu lassen.

Dazu nehmen wir uns etwas Zeit vor dem Schlafengehen und schreiben uns stichwortartig oder sogar ausführlich zu den einzelnen Lebensbereichen neue Perspektiven auf, Ideen und Phantasien, und lassen diese in uns wirken. Es ist dabei wichtig, wirklich Gefühle dazu aufzubauen und nicht nur distanziert darüber nachzudenken. Mit diesen Gefühlen schlafen wir dann ein und aktivieren das nächtliche Traumgeschehen. Die Phantasien werden sich dort verselbständigen und assoziativ Ideen anziehen, die in uns neue Wege und Perspektiven entstehen lassen.

Zur Unterstützung für diese Übung möchte ich die CD „Neue Perspektive" empfehlen. Sie führt in einen tiefen, alphawellen-betonten Zustand der Entspannung, der die

Vorstellungskraft und Phantasie anregt und die freie Assoziation von Gefühlen, Bildern und Ideen erleichtert, ohne daß sich das kritische Denken allzusehr einschalten kann.

Wer die Übung beim Einschlafen als Vorbereitung für das Traumgeschehen machen will, kann auf die CD „Traumbewußtsein" zurückgreifen.

Wenn wir jetzt neue Perspektiven sammeln, um mit dieser Motivation uns selbst, unsere Ideen und Energien und entsprechend unser Leben zu verändern, sollten wir ebenfalls auf die Übung „Ich Bin" und „Leitgedanken" zurückgreifen, damit unsere Bereitschaft, unser Vertrauen und unsere Zuversicht in eine günstige Veränderung unserer Umstände auch von innen heraus, im See unseres Unterbewußtseins weiter aufgebaut wird.

Unsere neuen Ideen, Perspektiven und Phantasien sollten wir in der Regel für uns behalten, damit sie im täglichen Umgang nicht zerredet werden von denjenigen, die selber Ängste vor Veränderung haben und nicht nur sich selbst, sondern auch andere festhalten wollen, um sich nicht verändern zu müssen. Aber mit vertrauten Menschen, deren Unterstützung wir uns sicher sind, können wir gemeinsam in Gesprächen neue Phantasien sammeln. Wir tauschen uns mit ihnen über unsere Erkenntnisse aus den Übungen „Selbsterkenntnis" und „Neue Perspektive" aus und sammeln gemeinsam neue Ideen und Impulse, indem wir einander folgende Fragen stellen:

- Was ist der Lebenswunsch des Gesprächspartners für verschiedene Lebensaspekte?

- Welche Wünsche scheinen gut verwirklichbar zu sein und welche nicht?

- Warum sind sie bis jetzt noch nicht verwirklicht worden?

- Welche Schritte zu den Veränderungen müßten gegangen werden, innerlich und äußerlich?

Das gemeinsame Gespräch im vertrauten Rahmen sollte frei machen und den Kanal für weitere Erkenntnisse öffnen.

Unsere Phantasien wirken auf Psyche und Körper zurück. Wir müssen im Gespräch lernen, zu unseren Gefühlen zu stehen und uns damit für Energien und Impulse in dieser Richtung zu öffnen. Wer in einem vertrauten Kreise nicht mutig genug ist, über seine Phantasien zu reden, steht nicht wirklich dazu und gibt entsprechend auch nur wenig Energie in sie hinein.

Wenn wir in dieser überschwenglichen und verspielten Art unserer Phantasie freien Lauf gelassen haben und unsere Ideen in Bewegung gekommen sind, ist es Zeit, sie etwas realistischer zu betrachten und uns zu fragen, welche davon tatsächlich zu uns passen, mit welchen Umständen wir uns tatsächlich wohlfühlen würden und wo wir ganzheitlich zufrieden sein könnten. Die Antworten auf diese Fragen vergleichen wir mit den gegenwärtigen Umständen und Möglichkeiten und stellen fest, wie groß der Unterschied ist zwischen dem, was wir wollen und was zu uns paßt, und dem, was wir tatsächlich im Moment leben. Falls der Unterschied sehr groß sein sollte und unsere Wunschziele weit weg von dem im Moment tatsächlichen Gegebenen liegen, sollten wir unsere Ziele etwas realistischer einschätzen. Wenn der Berg an Arbeit, um zu den Zielen zu kommen, zu beschwerlich erscheint, schaffen unsere Ziele mehr Zweifel als Motivation.

Unsere Phantasien dürfen nicht so unerreichbar scheinen, daß wir uns gar nicht erst die Mühe machen, sie erreichen zu wollen. Wir müssen immer das Gefühl haben, daß wir die unseren Wünschen entsprechenden Änderungen in unserem Leben auch vollbringen können, wenn sich alles gut fügt. Zweifel an unserem Erfolg blockieren unsere Energien, die wir benötigen, um in den Fluß des Wechsels und der Veränderung hineinzukommen. Wenn wir mit kleinen Veränderungen Erfahrung sammeln und erfolgreich sind, können wir in diesem Vertrauen die nächsten Ziele weiter stecken, unsere Sicherheit wächst und motiviert uns für weitgreifendere Veränderungen.

Erst wenn wir eindeutig hinter unseren neuen Ideen und Zielen stehen, uns ganzheitlich dafür entschieden haben, können wir beginnen, unsere Energie in den wachbewußten und unterbewußten Ebenen so zu verändern, daß wir unsere Wünsche Wirklichkeit werden lassen können.

Kapitel 4

Kraft der Inneren Vision

Wir haben über die Betrachtung von uns selbst, unseren Lebensumständen und den Möglichkeiten, wie wir uns selbst im Leben zum Ausdruck bringen können, ein besseres Bewußtsein darüber gewonnen, welche Energien in uns aktiv sind, welche Gefühle, Gedanken und inneren Bilder unsere Wirklichkeit gestalten. In diesem Bewußtsein können wir jetzt entscheiden, welche dieser Energien und Qualitäten den Zielen entsprechen, die wir erreichen möchten, und welche durch geeignetere Energien verändert oder ausgetauscht werden müssen.

Für diese Veränderungen möchte ich drei Wege aufzeigen, die neue Energiemuster in uns schaffen und diese kraftvoll in unser Leben einfließen lassen. Jeder dieser Wege kann für sich allein oder in Kombination mit den anderen Wegen gegangen werden, um den Prozeß der Veränderung zu beschleunigen.

Der erste Weg ist eine Methode, um gezielt mit den Energien im See unseres Unterbewußtseins zu arbeiten und diese unseren Wünschen entsprechend zu verändern. Man bezeichnet diese Methode als Weg des Umprogrammierens, da wir gewissermaßen ein neues Programm schreiben, um das herum sich dann Energien in uns selbst und in unserem Umfeld formen.

Die Voraussetzung für diesen Weg ist auf der einen Seite eine klare Entscheidung für die neuen Energien, und auf der anderen Seite eine wirksame Technik, um die alten Wahrnehmungs- und Verhaltens-Hypnosen durch wirksamere zu ersetzen.

Um zu einer klaren Entscheidung kommen zu können, stellen wir uns alle Lebensbereiche noch einmal vor und fragen, wo wir unzufrieden sind, wo es besser sein könnte. Dann tauschen wir diese Aspekte durch günstigere aus und fragen uns, wie wir sein müßten, um diese Umstände anziehen zu können. Unsere Energien müssen zu den Lebensumständen passen, die wir haben wollen. Erst versuchen wir, uns in diesen neuen Energien ganz zu empfinden und zu diesen Energien zu werden. Dann stellen wir uns mit diesen neuen Energien in den neuen Umständen vor und fragen uns, ob dies zusammenpaßt, ob wir uns wohl fühlen. Wir müssen zu den neuen Energien und Umständen ganz stehen können, sie dürfen nicht so sehr verschieden von uns und unserem jetzigen Leben sein, daß wir schon zu Beginn Zweifel an der Verwirklichung dieser Bilder aufbauen könnten. Wenn wir im Detail nicht ganz sicher sind, was wir wollen, dann sollten wir diese neuen Muster etwas allgemeiner gestalten und entsprechend Änderungen offenlassen, die dazu passen, aber die wir selbst im Moment nicht sehen können.

Wenn wir mit den entwickelten Gefühlen und Bildern zufrieden sind, nehmen wir andere Menschen in dieses Gefüge neuer Muster hinein und beobachten, ob und wie sie dazu passen. Die Muster dürfen aber nicht auf denjenigen Menschen aufgebaut sein, sondern die Menschen passen entweder wirklich dazu oder sie haben keinen Raum darin. Nachdem wir uns jetzt endgültig entschieden haben, müssen wir uns auch nochmals klar machen, daß jedes Muster jeder Zeit wieder verändert werden kann, falls es sich als nicht geeignet erweisen sollte. Damit wird der Angst vorgesorgt, mit der Entscheidung vielleicht einen Fehler gemacht zu haben.

Wenn wir jetzt in unserem See mit diesen neuen Energien ein neues Programm schreiben wollen, darf dieses Programm nicht zum oberflächlichen positiven Denken werden. Es kommt nicht darauf an, positiv zu denken, sondern die Energien zu pflegen, die wir haben wollen. Wir verdrängen nicht negative Gedanken, sondern wir richten alle Energien gezielt auf diejenigen Muster, die unser Leben bestimmen sollen. Damit ziehen wir Energien von den anderen, weniger günstigen Mustern ab. Unser geistiges Selbst arbeitet nach einem Dominanzprinzip. Die Aspekte der Wirklichkeit und die Energien, auf die wir uns konzentrieren, bestimmen unsere eigenen Energien und damit unsere Lebenserfahrung. Wenn wir ungünstige Aspekte in unserem Leben und in uns selbst nicht durch günstigere austauschen und dorthin unsere Energien richten, sondern sie nur aus unserer Wahrnehmung verdrängen, indem wir einen positiven Mantel darum hängen, führt dies nicht notwendig in eine positive Richtung, sondern kann im Gegenteil sogar zu einer Verdrängung von Gefühlen führen und die Konflikte in uns selbst und in unserem Leben verschlimmern. Wenn gewisse Lebensaspekte nicht zu uns passen, müssen wir diese ändern. Eine positive Grundhaltung dazu zu erzeugen ist keine Änderung und nimmt sogar Motivation zur Veränderung weg.

Ich möchte an dieser Stelle zwei weitere Methoden vorstellen, um neue Energiemuster im See des Unterbewußtseins schaffen zu können.

Die erste Methode läßt den Kritik- und Wahrnehmungsfilter des Unterbewußtseins inaktiv werden und erlaubt einen direkten Zugang zum See des Unterbewußtseins. Die zweite Methode lenkt das Filterverhalten des Unterbewußtseins ab und leitet die Reize an dieser Schwelle vorbei direkt hinein in den unterbewußten See. Um die erste Methode wirksam werden zu lassen, können wir Entspannungs- oder Hypnoseeinleitungs-Techniken benützen, die in einen tiefen Entspannungszustand oder sogar in tranceähnliche Zustände führen, wo unsere Kritikfähigkeit nahezu eingeschläfert ist.

Diese Einleitungstechniken sind in der Regel auf zwei Gesetzmäßigkeiten aufgebaut. Entweder werden sich ständig wiederholende Reize verwendet, wie das Hell- und Dunkel-Werden einer Glühbirne, oder es wird ein starker anhaltender Reiz benutzt, der die Wahrnehmung bindet, z.B. eine Spirale auf einer sich drehenden Scheibe oder ein

Kerzenlicht in einem dunklen Raum. Beide Phänomene erzeugen nach einiger Zeit einen Zustand tiefer Entspannung und Schläfrigkeit, der mit einer gleichgültigen Haltung gegenüber dem Umfeld einhergeht. Diese Gleichgültigkeit wird dann benutzt, um neue, ungewohnte Reize aufzunehmen, ohne daß sofort innere Widerstände auf Grund alter Verhaltens- und Wahrnehmungsmuster aufgebaut werden. In solche Zustände finden wir täglich auch ohne äußere Hilfestellung in der Zeit kurz vor dem Einschlafen und in der Phase des Aufwachens, wo wir noch nicht ganz wach sind. Wenn wir keine äußere Hilfe in Anspruch nehmen wollen, können wir diese natürlichen Zustände nutzen und auf unauffällige Weise Informationen einfließen lassen, und zwar deshalb unauffällig, damit unser Wachbewußtsein, bzw. unser Intellekt nicht beginnt, sich damit auseinanderzusetzen und wir wach und kritisch werden. Mit der Kritik wachen auch unsere inneren Widerstände gegen neue Informationen auf, die unseren üblichen Verhaltens- und Glaubensmustern entgegengesetzt sind.

Unauffällige Informationsmittel wären z.B. am Badezimmerspiegel angebrachte Sätze oder Begriffe, die wir verschlafen mit unseren Augen streifen, oder einfache Ideen, die in kurzen, bildhaften Sätzen auf Kassette gesprochen sind und die wir in diesem Zustand hören oder eine Schnur mit zwölf Knoten, die wir beim Aufwachen oder Einschlafen wie eine Gebetskette durch die Finger laufen lassen, während wir bei jedem Knoten unsere neuen Energien, Ideen und Wünsche empfinden. Eine solche „Wunsch-Schnur" funktioniert nach dem Prinzip des bedingten Reflexes, daß wenn zwei verschiedene Reize oder Informationen ständig gemeinsam auftreten und gemeinsam wahrgenommen werden, das spätere Auftreten nur eines Reizes ausreicht, damit der Wahrnehmende den zweiten Reiz automatisch ergänzt. Wenn wir entsprechend über einige Zeit unsere Wünsche als ersten Reiz mit jedem Knoten der Schnur als zweiten Reiz wiederholt haben, wird für uns später das Anfassen der Schnur alleine ausreichen, damit unser Unterbewußtsein die entsprechenden Wünsche ergänzt, selbst dann, wenn wir beim Anfassen der Schnur schon so gut wie eingeschlafen sein sollten. Wenn wir später beispielsweise die Schnur auch tagsüber in unserer Hosentasche tragen und sie ohne Absicht in die Hand nehmen, wird dieses Prinzip auch in unserem normalen Wachzustand funktionieren.

Wenn wir äußere Hilfe in Anspruch nehmen wollen, können wir z.B. in einem dunklen Zimmer in ein Kerzenlicht schauen, ganz konzentriert, solange, bis wir das Kerzenlicht unscharf sehen und unsere Augen müde werden. In diesem Zustand lassen wir dann Gefühle und Bilder in uns lebendig werden und wirken. Eine mehr technische Möglichkeit wäre, über eine Kassette mit entspannenden Klängen gleichzeitig Suggestionen zu hören, die dann ebenfalls leicht in unser Unterbewußtsein hineinfließen können. Akustische oder optische Hemi-Sync-Signale gleichen die Aktivität der beiden Gehirnhälften aus, synchronisieren die Hemisphären-Aktivität, harmonisieren unser Denken und Fühlen und lösen damit übliche Verhaltens- und Wahrnehmungsmuster auf. In diesem Zustand des Loslassens können neue Inhalte ebenfalls sehr leicht im Unterbewußtsein verankert werden. Die in den einzelnen Kapiteln empfohlenen Übungskassetten und CDs verbinden Hemi-Sync-Tontechnik mit geführter Entspannung und unauffälliger Suggestion und erleichtern damit die Verankerung neuer Ideen im Unterbewußtsein erheblich.

Die zweite Methode basiert auf dem Prinzip des dominanten Reizes oder Doppelreizes. Immer wenn mindestens zwei Reize von unterschiedlicher Dominanz gleichzeitig auf uns wirken, bindet der dominante Reiz unsere kritische Wahrnehmung, die anderen Reize aber wirken an der Wahrnehmungsschwelle vorbei auf unser Unterbewußtsein. Wir können also zwei beliebige Reize unterschiedlicher Dominanz auf uns wirken lassen und über den schwachen Reiz fast unbewußt Informationen aufnehmen.

Dazu einige Beispiele:

Wir hören Tonkassetten oder CDs, wo Klangmuster und Musik im Vordergrund stehen, die verbalen Suggestionen im Hintergrund. Wir lassen uns von den Klängen führen, die Information wirkt unbemerkt auf unser Unterbewußtsein. Bei den Kassetten und CDs, die ich entwickelt habe, ziehen die komplizierten Rauschformen die Aufmerksamkeit des Hörers an und lassen die verbalen Inhalte in den Hintergrund treten. Akustische Hemi-Sync-Signale unterstützen diesen Doppelreizeffekt auf die schon vorher erklärte Weise.

Wir können auch einen beliebigen Gegenstand wählen, z.B. eine Blume und diese genau betrachten und uns einprägen, während im Hintergrund Inhalte auf einer Kassette vorgetragen werden, uns jemand etwas vorliest oder wir in uns selbst gewünschte Gedanken und Ideen vorbeitreiben lassen, die wir sogar zusätzlich an eine Wunsch-Schnur koppeln können, indem wir wie gleichzeitig durch unsere Finger bewegen.

Wir können uns genauso von einem spannenden Film fesseln lassen und während des Films flüchtig auf ein Blatt geschriebene Ideen lesen, ohne unsere Aufmerksamkeit dabei vom Film abzulenken.

Oder wir können beim Autofahren, ganz nebenbei und leise, Texte auf einer Kassette an uns vorbei ziehen lassen, ohne bewußt darüber nachzudenken. Wir können auch beim Frühstück auf einen Teelöffel schauen, während wir uns an die gewünschten Ideen erinnern und uns ohne weiteres Nachdenken dem Frühstück zuwenden. Bei dieser Löffel-Technik nutzen wir gleichzeitig die Wirkung des bedingten Reflexes, indem wir die neuen Ideen mit dem Löffel verknüpfen und später alleine der Anblick des Löffels die Ideen im Unterbewußtsein wieder lebendig werden läßt.

Wenn wir uns für neue Muster entschieden haben, ist es auch möglich, verschiedene Methoden miteinander zu benutzen, um die gewünschten Ideen, Bilder und Gefühle schneller und intensiver im Unterbewußtsein verankern und wirken lassen zu können. Was immer wir an neuen Mustern verankern wollen, sollte gut zueinander passen und nicht zu vielfältig sein, damit wir unsere Energien bündeln und eindeutig ausrichten. Wir sollten auch den zeitlichen Rahmen für die Verwirklichung der neuen Ideen großzügig oder frei gestalten, um keinen zusätzlichen Erwartungsdruck aufzubauen. Alles, was im See des Unterbewußtseins verankert wird, wirkt zwar sofort, aber die Wirkung in uns und im Umfeld kann sich erst dann zeigen, wenn die neuen Energien kraftvoller geworden sind als die alten. Der Zeitpunkt der Verwirklichung neuer Muster wird entsprechend der Dauer und Intensität der Eingabe bestimmt.

Die Erfolge ständig zu überprüfen, wenn zu Beginn noch keine Anzeichen einer Veränderung zu sehen sind, ist nicht sinnvoll und baut nur Zweifel auf, welche die neuen Energien schwächen, die alten aber stärken. Selbst wenn die neuen Energien allmählich Wirkung zeigen, werden wir die Änderungen oft nur leicht an uns spüren und selbst diese Änderungen sind zu Beginn nicht dauerhaft, sondern werden häufig von den alten Energien wieder überschattet. Vorübergehende Rückfälle oder Rückschritte sind normal. Wenn wir uns dies bewußt machen, können wir vielleicht leichter und mit weniger Zweifel durch diese Problemphasen hindurch unsere Ziele verfolgen. Solange sich noch keine Veränderungen zeigen, sollten wir auch nicht über das Ziel der Veränderungen und die Methodik mit anderen Menschen sprechen, weil unser Umfeld in der Regel sehr skeptisch ist und statt Unterstützung und Rat eher Zweifel bereithält, der unsere Fortschritte wenig unterstützt.

Praktische Übung zu Kapitel 4

„Konzentration geistiger Energien"

In dieser Übung formen wir in uns ganz bewußt ein umfassendes Energiemuster, das wir in unserem Leben manifestieren wollen. Alle Gefühle, Gedanken, Erwartungen und inneren Bilder, die wir in uns tragen sollten, damit wir selbst so werden wie wir sein möchten und die entsprechenden Lebensumstände anziehen können, müssen in dieses Muster hineinfließen. Jede Veränderung beginnt in uns. Die Bilder für das neue Lebensmuster sollten aussagekräftig sein und Gefühle erzeugen. Die Gefühle sollten lebendig und kraftvoll sein und wir selbst sollten zu einem Teil dieser Bilder werden und uns in den Bildern so erleben, als ob sie schon jetzt stattfinden. Wie ein Schauspieler fühlen wir uns dann ganz in die neue Rolle hinein und versuchen, uns völlig damit zu identifizieren. Wichtige Aspekte können wir konkret ausgestalten, andere wiederum offen lassen, um Spielraum für günstige Veränderungen zu haben. Nicht alles, was gut für uns ist, können wir uns auch vorstellen und deshalb sollten wir Raum lassen für das Nicht-Vorstellbare. Es ist wichtig, daß die Bilder und Gefühle aus den verschiedenen Lebensbereichen zusammenpassen und in sich eine harmonische Energiestruktur bilden, die ganzheitlich aufgebaut werden kann. Wir können Menschen oder Typen von Menschen in die Bilder miteinschließen, aber die Verwirklichung unserer Wünsche darf nicht von bestimmten Personen abhängig gemacht werden. Wer zu unseren neuen Lebensmustern paßt, soll von diesen Energien angezogen und integriert werden, unabhängig davon, ob wir diese Personen schon kennen. Wer nicht dazu paßt, kann nicht Teil unseres neuen Lebens werden und muß zurückbleiben. Die Art und Weise, wie unsere Ziele und Vorstellungen erreicht werden, sollte ebenfalls offenbleiben, damit wir uns nicht auf bestimmte Wege festlegen, sondern auch für das Nicht-Vorstellbare offenbleiben.

Für die Formulierung unserer gewünschten Muster können wir die Bilder, Gefühle und Ideen in kurzen Sätzen aufschreiben, sie sogar aufmalen und den Wortlaut zusammen mit den Bildern irgendwo anbringen, wo wir immer wieder daran erinnert und die entsprechenden Energien dadurch aktiviert werden. Es ist auch sinnvoll, unser eigenes Vertrauen in die Verwirklichung der neuen Muster zu stärken, indem wir äußere Zeichen setzen, die schon kleine Erfolge in Richtung der neuen Muster suggerieren. Sie geben uns das Gefühl, daß wir uns den neuen Zielen entschieden nähern und schwächen alte Verhaltensmuster. Diese Zeichen sind für uns selbst wichtig, aber auch für andere Personen, die darauf reagieren und uns entsprechende Energien zurückschicken und unsere eigenen damit stärken. Wenn wir zum Beispiel in der Vergangenheit Probleme im Umgang mit Geld und vielleicht wenig Geld zur Verfügung hatten, könnten wir als Zeichen für ein großzügigeres Umgehen mit Geld vielleicht Eis essen gehen und uns statt einem kleinen Eis für wenig Geld einen großen Becher leisten in dem Bewußtsein, daß wir unsere Situation mit geistigen Energien ja gerade entsprechend verändern.

Für die Formulierung der neuen Lebensmuster ist es wichtig, sich Zeit und Ruhe zu nehmen und sich intensiv in allen Lebensbereichen den gewünschten Gefühlen und Vorstellungen hinzugeben. Dazu sollte man jeden Lebensbereich noch einmal genau betrachten und sich mit denjenigen Energien, Gedanken, Bildern und vor allem Gefühlen identifizieren, die den gewünschten Zielen des jeweiligen Bereiches entsprechen. Als Unterstützung möchte ich nochmals mögliche Fragen zu den einzelnen Lebensbereichen vorschlagen, deren Beantwortung das Finden der neuen Muster erleichtert:

Zwischenmenschliche Beziehungen:
Wie sollen diese Beziehungen sein, welche Bedeutung sollten sie für mich haben? Mit wie vielen Menschen möchte ich Kontakte pflegen? Möchte ich eher weibliche oder männliche Kontakte? Was sollten mir diese Beziehungen geben? Was möchte ich in diesen Beziehungen geben? Welche Art von Menschen möchte ich als meine Bekannten und Freunde haben? Wie viel Zeit möchte ich diesen Beziehungen widmen?

Partnerschaft:
Welche Rolle sollte eine Partnerschaft in meinem Leben spielen? Möchte ich eine intensive und feste Partnerschaft haben oder eher eine lockere, mit wechselnden Partnern? Was soll mir eine Partnerschaft geben, geistig und körperlich? Wie groß sollen Vertrautheit und Gemeinsamkeit, bzw. die Privatsphäre und der persönliche Freiraum sein? Welche wichtigen Eigenschaften und Merkmale soll mein

Partner haben? Wie möchte ich mich in der Partnerschaft fühlen? In welchem äußeren Rahmen soll sich meine Partnerschaft entwickeln?

Beruf:
Soll mein Beruf für mich Broterwerb oder Selbstausdruck sein? Was soll Erfolg für mich bedeuten, in welchen Lebensbereichen ist er für mich wichtig? In welchem Verhältnis sollen Arbeitszeit und Freizeit stehen? Welche finanziellen Ansprüche habe ich und wie sollen diese über den Beruf befriedigt werden? Was sollen die andern Menschen über meinen Beruf denken? Welchen Wert oder welche Bedeutung hat mein Beruf für mich und für andere? Wie möchte ich mich morgens fühlen, wenn ich an meine Arbeit denke, und wie abends, wenn sie abgeschlossen ist?

Gesundheit und körperlicher Ausdruck:
Wie möchte ich mich in meinem Körper fühlen? Wie möchte ich mich durch meinen Körper ausdrücken? Wie sollen andere Menschen auf meinen Körper reagieren? Was bedeutet es für mich, gesund zu sein? Wie spiegelt mein Körper meine geistigen Einstellungen wider? Wie möchte ich mich um meinen Körper kümmern? Was sollen die besonderen Merkmale meines Körpers sein?

Wohnsituation:
Wie möchte ich mich in meiner Wohnung fühlen? Wie möchte ich meine Persönlichkeit in meiner Wohnung ausdrücken? Wie sollen andere Menschen über meine Woh-

nung denken? Wie soll mein Wohnbereich meine Lebenshaltung spiegeln? Welche besonderen Merkmale sollen meinen Wohnbereich prägen – Umfeld, Architektur, Lichtverhältnisse, Einrichtung, Nachbarschaft? Wieviel Zeit möchte ich in meiner Wohnung verbringen, alleine und mit andern Personen?

Lebensziel:
Was möchte ich über mein Leben sagen können, bevor ich aus diesem Leben scheide? Welchen Sinn hat dieses Leben, welche Erfahrungen und Lernprozesse möchte ich machen? Welche Lebensaspekte möchte ich mit anderen Menschen teilen? Was sind die wichtigsten Aspekte meines Lebens, welche Bedeutung sollen sie für mich haben? Welche Menschen sollen für mich wichtig sein? Was bedeutet für mich tägliche Lebensqualität?

Wenn wir zu all diesen Fragen eindeutig Stellung bezogen haben, lassen wir die gewählten Energien in uns wirken, bewegen sie in unserer Phantasie und beginnen, uns mehr und mehr mit ihnen zu identifizieren, sie ganzheitlich in uns zu erleben, so etwa wie ein guter Schauspieler seine Rolle erlebt. Wie wir am besten die Intensität der Ideen und Bilder erhöhen, spielt keine Rolle und ist von unserer persönlichen Veranlagung abhängig. Wir können in unserer Vorstellung darüber erzählen, wir können daran teilnehmen wie in einem Film oder wir können uns in tiefer Entspannung mit den einzelnen Bildern und Gefühlen identifizieren und sie dann einfach loslassen. Für die letztgenannte Möglichkeit empfehle ich auch die CD-Übung

„Aktive Lebensgestaltung". Sie hilft uns in tiefer Entspannung klar und intensiv zu visualisieren und kraftvolle innere Bilder und Energien zu formen, die bereits während der Übung zu wirken beginnen und unsere persönliche Wirklichkeit beeinflussen. Wenn wir die neuen Energien mit in die Nacht nehmen möchten, damit sie besonders im Schlaf und im Traum in uns wirken, können wir auch mit der CD „Traumbewußtsein" arbeiten und damit unsere Traumaktivität entsprechend beeinflussen.

Mit diesen Übungen ist jetzt die Voraussetzung dafür geschaffen, den ersten Weg zur Neugestaltung unseres Lebens, den Weg des „Neu-Programmierens" unseres unterbewußten Sees gehen zu können. Über das Ausschalten oder Umgehen unseres Wahrnehmungs- und Kritikfilters verankern wir die Energiemuster, Ideen, Gefühle, Gedanken und Bilder, die von innen heraus uns selbst und unser Leben neu prägen sollen.

Kapitel 5

Selbstverwirklichung und Selbstausdruck

Auf dem Weg des Neuprogrammierens oder Umformung unserer geistigen Energien werden von innen heraus die neuen geistigen Muster, die uns selbst und unser Leben in Zukunft prägen sollen, wachsen und so stark werden, daß sie die alten Muster überschatten und von da an für uns bestimmend werden. Diese geistigen Muster sind wie Funksignale, die wir aussenden und die allmählich die Energien um uns herum verändern.

Wer diesen Weg konsequent geht, wird irgendwann erfolgreich sein. Die Intensität der neuen Muster bestimmt die Dauer bis zum Erfolg. Wenn wir nun zusätzlich direkten Einfluß auf unser Umfeld nehmen und es aktiv unseren Wünschen entsprechend verändern wollen, kann diese erforderliche Zeit abgekürzt werden, indem wir uns gewissermaßen innen und außen unseren Zielen nähern. Diese äußere Einflußnahme auf unser Leben können wir erreichen, indem wir alle Aufmerksamkeit nur noch auf die Energien lenken, die unseren Zielen entsprechen, und uns nur den Aspekten im Umfeld aussetzen, deren Qualität unseren Wünschen entspricht. Wir meiden ungünstige Energien und Einflüsse oder verändern sie, wenn dies möglich ist. Diese Vorgehensweise können wir den Weg der Ausrichtung nennen, alle unsere Aufmerksamkeit und Konzentration wird eindeutig kontrolliert und unseren Zielen entsprechend ausgerichtet.

Die Idee, die hinter diesem Weg steht, basiert auf dem Verständnis, daß alles, was um uns herum existiert als Energiefelder von gewisser Intensität und Qualität aufgefaßt werden kann. Diese Energiefelder werden gespeist und verändert von all den geistigen Energien, die in diesem Bereich von Menschen, Tieren, Pflanzen, Mineralien, Klimabedingungen, Topographie etc. abgestrahlt werden. Wenn verschiedene Energiefelder zusammentreffen, beeinflussen sich diese nach dem Dominanzprinzip, das Feld mit der größten Intensität besitzt die größte Wirkung und beeinflußt am meisten. Wenn wir also ständig in diesen Energiefeldern leben und uns notgedrungen damit austauschen, ist es sinnvoll diejenigen Felder bewußt auszuwählen und diejenigen Qualitäten zu suchen, die zu unseren Wünschen und Energien passen, die anderen aber zu meiden. Wir können uns natürlich von ungewünschten Energien abgrenzen, wenn wir ein gut entwickeltes Selbstbewußtsein haben und unsere eigenen Energien stabilisieren, aber auch diese Abgrenzung braucht Energie, die wir vielleicht notwendig zur Intensivierung der Energiemuster brauchen, die wir neu aufbauen wollen. Günstiger ist es, sich von den Energien unterstützen zu lassen, die unseren eigenen Wünschen entsprechen, und Konflikte mit widrigen Energien zu vermeiden, um die eigenen Energien kraftvoller bündeln zu können.

In diesem Sinne bedeutet der Weg der Ausrichtung, daß wir unser Umfeld entsprechend den neuen Mustern, für die wir uns entschieden haben, aussuchen und gleichzeitig bewußt versuchen, auch nur die Gedanken und Gefühle zu haben, die zu unseren Wünschen passen und entsprechend zu handeln. Wir suchen uns die Orte, an denen wir uns aufhalten, nach ihrer Energie entsprechend aus, wir wählen den Personenkreis, mit dem wir uns austauschen, passend aus und richten unsere Aufmerksamkeit überhaupt auf all das, was wichtig für uns werden soll, und vermeiden alles andere. Genauso, wie wir dann unser Umfeld bewußt aussuchen, um entsprechend positiv unterstützt oder zumindest nicht gehemmt zu werden, ist es auch wichtig, die Energien in uns zu unterscheiden und bewußt zu sortieren. Wir beginnen, unsere geistigen Energien nicht mehr auf das zu lenken, was wir los sein wollen, sondern auf das, was uns in Zukunft prägen soll. Wir reden nicht mehr über und denken nicht mehr an unsere Probleme, sondern beschäftigen uns mit Lösungen und konstruieren Veränderungen. In diesem Zusammenhang ist es auch völlig gleichgültig, wieso wir bestimmte Energien in uns haben, wer sie verursacht hat und wann sie entstanden sind. Wesentlich ist nur, welche Energien wir statt dessen haben wollen und was wir damit zu tun beabsichtigen. Wir analysieren nicht die Entstehung der Energien in uns, sondern verändern sie einfach entsprechend unseren Zielen.

Wenn wir uns mit unseren Problemen und ungünstigen Seiten beschäftigen, nähren wir deren Energie. Vielleicht verstehen wir sie besser, aber wir haben auch weniger Energie übrig, um neue Muster in uns entstehen zu lassen. Unsere Psyche funktioniert nach einem einfachen Dominanzprinzip, indem all das, was unsere Aufmerksamkeit, unser Denken und Fühlen einnimmt, auch energetisch auf uns wirkt und sich verselbständigt. In meiner Beschäftigung mit Hypnose hat es sich gezeigt, daß Hypnoseinhalte gegen andere Inhalte ausgetauscht werden können, wenn die neuen Inhalte intensiv genug verankert werden. Die alten Hypnosen sind zwar damit nicht gänzlich gelöscht, aber inaktiv geworden. Interessanterweise spielt dabei keine Rolle, wer die alten Inhalte verursacht hat, warum sie erzeugt worden sind oder wann. Lediglich der Inhalt ist von Bedeutung und kann als solcher inaktiv gemacht werden, ohne daß man seine Entstehungsgeschichte versteht. Das analytische Erforschen der Vergangenheit in dem Bestreben, die Geschichte eines Problemes verstehen zu wollen, ist nicht nur überflüssig für eine Veränderung, sondern bringt sogar verschiedene Nachteile mit sich. Die Vergangenheit wird dabei nach „negativen" Aspekten abgesucht, die die Problementwicklung unterstützt haben könnten, und es entsteht damit eine sehr einseitige, negativ belastete Vergangenheitssicht, die es schwer macht, ohne Wut und Vorwürfe in der Gegenwart konstruktive Energien aufzubauen. Dazu kommt, daß das Gefühl der Abhängigkeit von der Vergangenheit, der Eindruck einer vollkommenen, permanenten Prägung der Gegenwart durch die Vergangenheit so stark wird, daß die innere Bereitschaft, die Vergangenheit loszulassen und in der Gegenwart alles zu verändern, in gleichem Maße gehemmt wird. Das Gefühl, Opfer gewesen zu sein, macht sich zusammen mit Selbstmitleid breit und nagt an der Fähigkeit und Freiheit, in der Gegenwart alles neu gestalten zu können und zu wollen.

In dieser Betrachtungsweise der Vergangenheit als Verursacher der Gegenwart wird auch der Eindruck erweckt, daß die Gedanken und Gefühle, die in der Vergangenheit verursacht wurden, ein Teil von uns sind, daß wir also gewissermaßen unsere Vergangenheit sind. In Wirklichkeit sind wir aber nicht unsere Gedanken und Gefühle, sondern wir haben Gedanken und Gefühle, indem wir auf das Umfeld oder auf die Vergangenheit reagieren und die entsprechenden Energien übernehmen und uns damit identifizieren. Der Weg der Ausrichtung bedeutet in diesem Zusammenhang auch zu lernen, sich nicht mehr mit Gefühlen und Gedanken unwillkürlich zu identifizieren, sondern diese frei entsprechend den eigenen Bedürfnissen wählen zu können. Er bedeutet zu lernen, nicht mehr automatisch auf Reize der Vergangenheit im Sinne von Erinnerungen, oder der Gegenwart im Sinne von Ereignissen oder Menschen, oder der Zukunft im Sinne von Erwartungen, Hoffnungen oder Ängsten zu reagieren, sondern die eigenen Energien ganz frei selbst zu bestimmen. Der Weg der Ausrichtung ist ein Weg der bewußten Wahl, der Entscheidung.

Unsere Welt ist sehr vielfältig, nahezu alles existiert in jeder Erscheinungsform in vielen Extremen. Wenn wir einmal eine bestimmte Betrachtungsweise oder Wahrnehmungshypnose von der Wirklichkeit haben, können wir sie immer bestätigt finden und gestalten in dieser Sicht unsere persönliche Wirklichkeit entsprechend. Unsere erfahrene Wirklichkeit ist somit subjektiv und nicht ganzheitlich, und deshalb ist es auch zu rechtfertigen, daß wir uns in der Vielfalt der vorhandenen Wirklichkeitsaspekte nur auf diejenigen konzentrieren, die für uns in Zukunft bestimmend sein sollen, um uns nicht in der Vielfalt des Vorhandenen verlieren.

Wenn wir den Weg der Ausrichtung konsequent gehen wollen, müssen wir das meiden, was nicht dem entspricht, was wir haben möchten. Wir dürfen nicht mehr über das reden und nachdenken oder uns in irgend einer Form auf das konzentrieren, was wir nicht mehr haben möchten. Unsere gesamte Konzentration soll nur darauf gerichtet sein, was wir als Zukunft haben wollen. Menschen und Freunde, Situationen und Orte, die unserem Wunschbild nicht mehr entsprechen, werden dabei gemieden, der Kontakt dazu gelockert oder abgebrochen. Alle unsere Ideen, Gedanken und Gefühle kreisen nur um die neuen Ziele. Wir wählen alle Energien im Umfeld bewußt so, daß sie unsere Ziele unterstützen.

Dieses Auswahlverfahren aufrecht zu erhalten und uns immer wieder für uns selbst und unsere Ziele zu entscheiden, ist nicht einfach. Wir müssen zu Egozentrikern werden, die aus sich heraus und für sich leben, die sich bemühen, ganz frei zu sein und weder die Erwartung anderer zu erfüllen noch selbst Erwartungen zu haben. Egozentriker sind keine Egoisten, die ihre Wünsche durch andere und auf Kosten anderer suchen, sondern sie erreichen ihre Ziele aus sich selbst heraus, freiheitlich und selbstverantwortlich.

In diesem Zusammenhang ist es interessant, sich mit der Symbolik des Vampirs auseinanderzusetzen. Ein Vampir ist ein Geschöpf der Nacht, das vom Blut anderer Menschen lebt, um selbst leben zu können. Er hat keine eigene Ausstrahlung und deshalb auch kein Spiegelbild. In den Erzählungen umwirbt und umgarnt er seine Opfer, um sie abhängig zu machen und später aussaugen zu können. Seine Opfer werden nach mehreren Bissen selbst zum Vampir. Ein Vampir kann nur sterben oder erlöst werden, indem man ihm einen Pfahl durchs Herz schlägt.

In übertragenem Sinne ist ein Vampir ein Mensch, der keine eigene Lebenskraft und Lebensmotivation mehr hat, der nicht sich selbst ist und aus sich selbst heraus lebt, sondern durch die Energien anderer Menschen. Um sich ein Opfer zu sichern, widmet er sich ihm völlig. Er vernachlässigt seine eigenen Bedürfnisse. Er drückt sich nicht aus, hört nicht auf seine eigenen Wünsche, spürt nicht seine Fähigkeiten und vergißt irgendwann sogar, daß er eine eigene Persönlichkeit hat. Er lebt durch die Menschen, die ihm nahestehen und die er an sich bindet durch all das, was er für sie tut. Diese Opfer, mit denen und durch die er lebt, fühlen sich durch seine Erwartungen verpflichtet, ihm auch etwas zu geben von ihrer Energie und Zeit. Sie haben Schuldgefühle, wenn sie dem Vampir keine Aufmerksamkeit schenken und nicht an ihrem Leben teilhaben lassen. Ein Ehemann z.B. oder die Kinder einer vampirischen Mutter können sich in ihren Schuldgefühlen, wenn sie Erwartungen nicht erfüllen, nicht mehr zum Ausdruck bringen und versuchen nun ihrerseits durch andere Menschen zu leben, die sie sich verpflichten und denen sie ebenfalls Schuldgefühle geben, damit sie ihre Erwartungen erfüllen. Sie sind „gebissen" worden, haben den Kontakt zu ihrer Persönlichkeit und ihren eigenen Motivationsenergien verloren und werden damit selbst vampirisch. Sie müssen durch andere Menschen leben, die sie ebenfalls beißen und mit der Zeit zu Vampiren machen. Ein gebissener Ehemann kann z.B. Kollegen durch Verpflichtungen und Erwartungen beißen, oder Kinder beißen ihre Freunde, die dann ebenfalls ihre Selbständigkeit verlieren und als Vampir wieder andere Personen in ihre Abhängigkeit zu bringen versuchen. Ein vampirischer Kreislauf setzt ein, in dem mehr und mehr Menschen verlernen, gemäß ihren eigenen Bedürfnissen, Wünschen und Fähigkeiten zu leben, und sich damit von ihrer eigenen Lebensenergie abschneiden. Sie erfüllen die Erwartungen und Ansprüche anderer Menschen, weil sie durch Schuldgefühle oder moralische, ethische, religiöse oder andere Wertesysteme dazu getrieben werden. Dieser Kreislauf kann unterbrochen werden, wie es in den Vampirgeschichten heißt, indem man einem Vampir einen Pfahl ins Herz treibt. Im übertragenen Sinne steht das Herz für unsere Gefühle. Wenn wir die Erwartungen und Ansprüche eines Vampirs, die natürlich aus seiner Perspektive durchaus berechtigt sind, nicht befriedigen, verletzen wir damit seine Gefühle und treiben ihm gewissermaßen einen Pfahl in sein Herz. Ein gebissener Ehemann versucht vielleicht dem Netz der Verpflichtungen zu entgehen, indem er die Schuldzuweisungen der Ehefrau ignoriert, wenn sie ihm vorhält, sie habe alles für ihre Familie und für ihn getan und hätte ihrer Meinung nach ein „Recht" darauf, daß er seine Freizeit hauptsächlich ihr und der Familie widme, und er trotzdem alleine in Urlaub fährt, den er dringend für sich braucht. Der Mann übergeht dabei die Gefühle seiner Frau völlig und verletzt sie sehr. Als tief verletzter Vampir muß sie sich jetzt ein neues Opfer zum Aussaugen suchen, indem sie sich z.B. über ihren Mann und die Kinder bei der Nachbarin beklagt und deren Mitleid erweckt. Diese widmet sich ihr voll Mitgefühl, liebevoll und verständnisvoll, weil sie sich moralisch verpflichtet und vielleicht sogar mitverantwortlich fühlt, und wird damit bald selbst gebissen und zum Vampir, wenn sie ihren eigenen Freiraum zu vernachlässigen beginnt.

Wenn der Vampir kein neues Opfer findet, das sich verpflichten und aussaugen läßt, muß er versuchen, zu seinen eigenen Lebensenergien und seiner Motivation zurückzufinden. Die vampirische Ehefrau besinnt sich beispielsweise auf sich selbst und versucht einen Ausdruckskanal für ihre eigenen Wünsche und Fähigkeiten zu finden, wahrscheinlich sogar außerhalb der Familie. Nur wenn die eigenen Energien nicht wieder entdeckt oder kein eigenständiger Ausdruck gefunden werden, kann der Vampir aus Mangel an Lebensenergie verhungern und geistig oder körperlich krank werden. Vampire sind in der Regel liebevolle Menschen, die sich selbst so weit zurückgenommen haben, daß sie ihre Persönlichkeit nicht mehr kennen und auch nicht mehr ausdrücken können.

Wer in diesem Vampirkreislauf steckt und sich aussaugen läßt oder selbst aussaugt, ist niemals frei, sich selbst zu sein und ausdrücken zu können. Er ist abhängig davon, daß sich andere Menschen aussaugen lassen und seine Erwartungen erfüllen, damit er sich durch diese Menschen ausdrücken kann, und er fühlt sich immer mehr verpflichtet, die Erwartungen der anderen zu erfüllen. Ein Mensch, der dazu neigt, sich verpflichten zu lassen und Erwartungen zu erfüllen, die er eigentlich nicht erfüllen will, oder der selbst Erwartungen an andere hat und Schuldgefühle erzeugt, wenn diese nicht erfüllt werden, ist in diesem vampirischen Kreislauf gefangen und kann unmöglich sein Leben ganzheitlich und frei selbst gestalten. Wer über andere Menschen enttäuscht sein kann, sich verletzt fühlt oder Wut auf andere hat, ist ein Vampir, denn er hat Erwartungen und läßt die anderen Menschen nicht frei sein, so wie sie sein wollen.

Der Egozentriker ist ein Mensch, dessen Handeln nur um ihn selbst kreist, der nur dann für andere etwas tut, wenn es ihm ein echtes Bedürfnis ist und wenn er sich dabei selbst zum Ausdruck bringt. Seine Persönlichkeit ist offensichtlich und strahlt wie eine Sonne. Ein Vampir fühlt sich von Egozentrikern abgestoßen, da sie sich zum einen im eigenen Verständnis lieblos verhalten und sich zum anderen auch nicht aussaugen lassen. Dagegen zieht der Egozentriker Menschen an, die natürlich zu ihm passen und ihn ergänzen. Er erfüllt keine fremden Erwartungen, sondern trifft Vereinbarungen, die gegenseitig und freiwillig sind. Erwartungen sind in diesem Zusammenhang Ansprüche, die von einer Seite entgegengebracht werden, ohne daß die andere Seite gefragt wird. Vereinbarungen erfolgen freiwillig, lassen allen Beteiligten eine Wahl, sind offen und klar erkennbar und gegenseitig.

Wenn wir den Weg der Ausrichtung gehen wollen, sollten wir sicher sein, daß wir selbst nicht vampirisch leben und uns auch nicht von Vampiren in unserem Umfeld beeinflussen lassen. Folgende Fragen können uns helfen herauszufinden, welche vampirischen Aspekte wir noch leben und wo wir noch freier werden könnten:

- Neige ich dazu, den Erwartungen anderer Menschen entgegenzukommen?

- Lasse ich mir durch Reaktion anderer Menschen Schuldgefühle einflößen?

- Habe ich Erwartungen an andere Menschen, sollen sie sich in einer gewissen Weise verhalten, mir und andern gegenüber? Sollen sie gewisse Dinge tun?

- Brauche ich andere Menschen, vielleicht meinen Partner?

- Fühle ich mich verletzt durch andere Menschen, ärgere ich mich über andere Menschen?

Wenn wir einige dieser Fragen ehrlicherweise mit Ja beantworten müssen, dann leben wir noch vampirische Züge und sollten uns mehr auf unseren freien Selbstausdruck besinnen.

Um den Weg der Ausrichtung gehen zu können, müssen wir möglichst egozentrisch sein und alles aus eigener Kraft tun. Wir dürfen nicht mehr unwillkürlich auf die Erwartungen anderer Menschen reagieren und uns damit beeinflussen lassen, sondern müssen selbständig werden.

Wer egozentrisch ist, wer nur freiwillige Vereinbarungen trifft und unabhängig bleibt, wer andere Menschen liebt aber sie nicht braucht, ist recht unkontrollierbar für die anderen und nur bei denen beliebt, die selbst egozentrisch sind oder werden wollen. Vampire dagegen fühlen sich unverstanden und bedroht.

Auf dem Weg vom Vampir zum Egozentriker, auf dem wir unser Leben bewußt unter Kontrolle bringen wollen, werden wir mit verschiedenen Reaktionen des Umfeldes konfrontiert, das unsere Veränderung nicht hinnehmen will. Zunächst werden sich die alten Bekannten wundern, daß wir plötzlich anders sind und anders reagieren, und versuchen Druck auszuüben, damit wir wieder so werden wie wir waren. Wenn sie dann bemerken, daß wir auf diesen Druck nicht mehr reagieren, werden sie versuchen, uns zu isolieren, damit wir wieder vernünftig werden. Wenn wir dann aber immer noch nicht reagieren und sogar neue Bekanntschaften pflegen, wird ihr Interesse an unserem neuen Weg wachsen und sie werden wieder den Kontakt zu uns suchen, damit sie herausfinden, was uns so zufrieden macht und warum wir so viel freier und bequemer und fröhlicher zu leben scheinen als zuvor. Einige unserer Freunde und Bekannten werden mit uns nicht mehr zurecht kommen, uns nicht mehr verstehen und dann den Kontakt ganz abbrechen, andere aber werden sich von uns anstecken lassen und sich anschließen. Auf dem Weg in die Freiheit kommen neue Freunde, die uns als das akzeptieren, was wir sein wollen und sein werden.

Die Entschiedenheit, mit der wir diesen Weg der Ausrichtung gehen, bestimmt die Dauer zur Umformung der Energien unseres Unterbewußtseins. Die Umformung der unterbewußten Energien erfolgt aber nicht kontinuierlich, sondern durchläuft rhythmisch wiederkehrende Wechsel, Einbrüche, in denen sich die alten Energien wieder stark machen und die Veränderung hemmen. Nach dem Beginn der Neuprogrammierung unseres Unterbewußtseins werden wir zunächst eine Zeit lang keine offensichtlichen Veränderungen spüren, wenn aber dann der erste Fortschritt deutlich wird, werden wir uns freuen und vielleicht mit unseren Bemühungen nachlassen, und schon kann der erste Absturz in die alten Energien kommen. Dann werden wir uns wieder konzentrieren, unsere positive Entwicklung wird zunehmen, bis der nächste Absturz kommt. Während dieser Wellen ist es wichtig, durchzuhalten mit dem Bewußtsein, daß nach jedem Absturz wieder ein Aufstieg kommt. Mit der Zeit werden wir beobachten, daß unsere „Hochs" höher werden und unsere „Tiefs" weniger tief. Trotz der wellenförmigen Veränderung wird in der Umprogrammierung eine ständige Veränderung nach oben erkennbar sein.

Der Weg der Ausrichtung braucht eine klare Entscheidung zur Freiheit und viel Mut, um sich bedingungslos zum Ausdruck bringen zu können. Die meisten von uns sind nur bedingt bereit, auf die inneren Impulse zu hören und diese zum Ausdruck zu bringen. Immer wieder tauchen soziale, ethische, moralische, religiöse oder sonstige Verhaltensmuster auf, von denen wir glauben, ihnen entsprechen zu müssen, damit wir in ständiger Kompromißbereitschaft ein reibungsloses Umgehen mit den anderen Menschen sicherstellen. Aber der Weg der Ausrichtung verlangt rücksichtslosen Selbstausdruck, unabhängig von den Meinungen und Erwartungen der anderen.

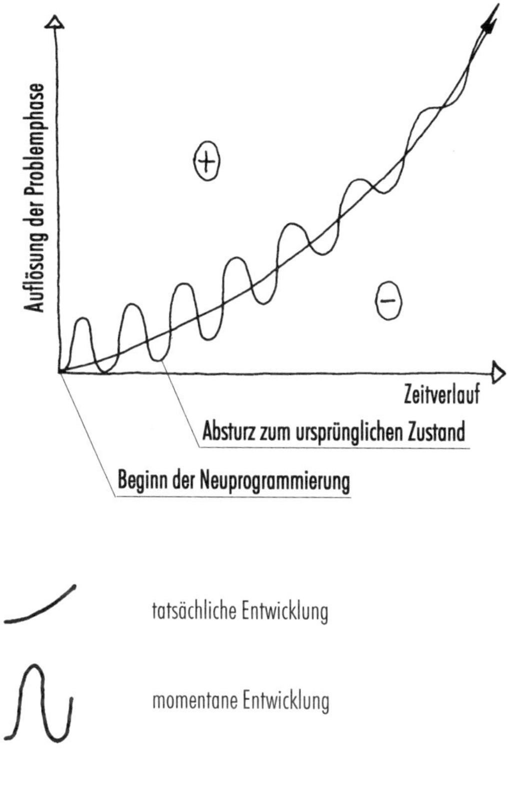

Zeichnung 4:

**Prozeß der Umprogrammierung des unbewußten Sees
Auflösung eines Problemzustandes
als Entwicklungsverlauf**

„Freier Ausdruck"

Zu dieser Übung lassen wir in unserem Unterbewußtsein das natürliche Recht auf eigenen Ausdruck und eine sinnvolle, individuelle Lebensgestaltung wieder lebendig werden. Wir schaffen uns Mut, uns selbst zu sein und auszudrücken und damit auch uns selbst zu erkennen und ein wirkliches Selbstbewußtsein aufzubauen. Dieses Selbstbewußtsein, was auf Selbsterkenntnis und Selbstausdruck aufgebaut ist, macht uns tolerant anderen Menschen gegenüber und gibt uns die Freiheit, so zu sein wie wir sein möchten und entsprechend auch andere so sein zu lassen, wie es ihnen entspricht. Damit werden unser Bedürfnis, andere zu bewerten, und unsere Bereitschaft, die Meinung anderer für uns wichtig zu nehmen, in gleichem Maße kleiner und unser Leben wird getragen von einem Gefühl liebevollen Lassens, uns selbst und anderen gegenüber.

Für diese Übung suchen wir einen Zustand tiefer Entspannung und lassen dann folgende Ideen in uns wirken:

– Ich bin frei, mich selbst zu sein und andere sich selbst sein zu lassen.

– Ich nehme meine Gedanken bewußt wahr, erkenne meine innersten Wünsche und Bedürfnisse, meine Fähigkeiten und Eigenheiten.

- Ich spüre meine Einzigartigkeit und möchte sie bewußt zum Ausdruck bringen.

- Indem ich mich ausdrücke, erfahre ich mich selbst, erkenne ich mich selbst und habe ein tiefes Selbstbewußtsein.

- Ich erlebe mich in meinem Ausdruck, erlebe mein Selbstbewußtsein in meinem Selbstausdruck.

- In diesem Selbstbewußtsein nehme ich mich an und bin tolerant mir selbst gegenüber, so wie ich bin.

- In diesem Selbstbewußtsein kann ich auch die anderen liebevoll lassen, so wie sie sind, ihnen die Freiheit geben, sich selbst zu sein und auszudrücken. Wir sind frei, uns selbst zu sein und zu leben.

- Ich bin mich selbst, drücke mich aus und ziehe damit die Lebensumstände, die Menschen und die persönliche Wirklichkeit an, die zu mir passen, die mich glücklich sein lassen.

- Ich bin frei, mich selbst zu sein und auszudrücken, meinen Lebenssinn zu erfüllen, mich liebevoll zu lassen und glücklich zu sein.

Getragen von diesen Ideen werden wir unabhängig von äußeren Umständen und können überall zu jeder Zeit uns selbst sein. Ergänzend zu dieser Übung empfehle ich die

CD „Selbstausdruck". Sie führt in einen tiefen Zustand der Entspannung und läßt die angesprochenen Ideen sanft und sicher in den See des Unterbewußtseins eintauchen und wirken. Wir können dabei ganz entspannt bleiben und brauchen uns nicht bewußt mit den Gedanken auseinanderzusetzen.

Wer mit seinen Gefühlen auf äußere Impulse reagiert, ist nicht frei. Er kann seine eigenen Energien, die er braucht, um die Wirklichkeit frei gestalten zu können, nicht selbst wählen. Er ist in seinen Gefühlen Spielball des Umfeldes und zieht entsprechend unkontrolliert auch die Lebensumstände an, die sich um seine Energien herum formen. Wenn wir Kontrolle über unsere Energien und damit unsere Wirklichkeit wollen, müssen wir lernen, unsere Gefühle und Gedanken zu kontrollieren, sie nicht ziellos auf äußere Umstände reagieren zu lassen. Ziel soll aber nicht sein, keine Gefühle mehr zu haben, sondern frei entscheiden zu können, welche Gefühle man in sich bewegt. Wer seine Gefühle willentlich unter Kontrolle hat, kann jederzeit kraftvoll die Energien erzeugen, die er in seinem Leben haben will, und ist damit vollkommen unabhängig von äußeren Randbedingungen.

Kapitel 6

Freiheit der Gefühle, Gedanken und körperlichen Energien

Die eindeutige Ausrichtung unserer Energien im Umfeld, die ständige bewußte Entscheidung für diejenigen Impulse aus unserem Umfeld, die unser Leben bestimmen sollen, und das konsequente Ignorieren derjenigen Aspekte, die uns daran hindern, uns selbst zu sein und auszudrücken, bringen uns unseren Zielen und unseren erwünschten Lebensqualitäten ständig näher. Aber nicht immer ist es einfach, nur diejenigen Energien in uns zu bewegen, die den gewünschten Aufbau unseres Sees unterstützen, und ganz kontrolliert nur die geistigen Energien in uns zuzulassen und zu erzeugen, die zu den Zielen unserer Veränderung passen. Normalerweise reagieren wir in unseren Gefühlen und Gedanken sehr stark unbewußt und beinahe zwanghaft. Wir reagieren auf Erinnerungen von früher, die uns in bestimmte Stimmungen versetzen können, wir reagieren auf Impulse des Umfeldes, auf Situationen und Menschen, und wir reagieren sogar auf zukünftige Ereignisse, die noch nicht da sind und vielleicht niemals kommen, die wir aber für möglich oder wahrscheinlich halten. Viele unserer Reaktionen erfolgen automatisch, ohne daß wir uns dessen bewußt sind, und unabhängig davon, ob sie uns günstig oder ungünstig beeinflussen. Solange wir von solchen unbewußten Reaktionen bestimmt werden, haben wir es schwer, unsere inneren Energien gezielt zu gestalten. Wir leben unbewußt und sind in vielen Bereichen fremdbestimmt, und gerade diese fremdbestimmten Energien verwirklichen sich häufig und prägen unser Leben.

Viele Gefühle und Gedanken in uns waren nie ein Teil unserer Grundpersönlichkeit, sondern sind durch Einflüsse von außen in unser Unterbewußtsein hineingepflanzt worden. Deshalb können wir sie auch bedenkenlos wieder loslassen oder austauschen, ohne uns selbst dabei tatsächlich zu verändern. Damit meine ich nicht, daß wir keine Gefühle und Gedanken mehr haben sollen, sondern daß wir in einen gleichmütigen Zustand kommen sollten, in dem unser Gemüt oder unsere Stimmung unabhängig von den äußeren Umständen selbständig bleibt und alleine von unserer bewußten Absicht gelenkt wird. Gleichgültig sollten wir werden, aber nicht in dem Sinne, daß wir kein Interesse an unserer Vergangenheit oder unserem Umfeld mehr haben, sondern indem alles für uns gleichermaßen gültig ist und eine Berechtigung hat. Wir müssen uns wieder bewußt werden, daß wir nicht unsere Gedanken und Gefühle, ja nicht einmal unsere körperlichen Energien sind, und daß es einen Bereich in uns gibt, einen Wesenskern, der diese Energien frei wählen und für seinen Ausdruck nutzen kann. In uns selbst, in unserem Unterbewußtsein und in unserem Umfeld gibt es unendlich viele verschiedene Gedanken und Gefühle, an die wir uns beliebig anhängen und die wir als unsere nutzen können, ohne daß sie dadurch jemals ein Teil von uns werden. Das, worauf wir unsere Aufmerksamkeit richten und was wir zum Ausdruck bringen, bestimmt unsere Gesamtenergie und dementsprechend unsere Lebenserfahrung. Unsere Gefühle sind die kraftvollsten Energien, die wir zum Einsatz bringen können, um unsere Wirklichkeit zu gestalten. Je gleichmäßiger diese in die gleiche und von uns erwünschte Richtung fließen, je eindeutiger wir ausschließlich diejenigen Gefühle in uns tragen und uns damit identifzieren, die wir haben wollen, desto klarer wird unser Leben auch von ihnen bestimmt. In gewisser Weise sind Gefühle und Gedanken wie Wagen von Zügen, die ständig durch uns hindurch und an uns vorbei fahren. Diejenigen Wagen, auf die wir aufspringen, bestimmen unsere Richtung und unsere Erfahrung solange, bis wir wieder abspringen oder auf andere umspringen.

Manche Menschen glauben, daß ihre Intensität im Leben davon abhängt, daß sie möglichst häufig ihren Wagen wechseln und auf Wagen von unterschiedlicher Natur und einer anderen Richtung aufspringen. Sie werden gefesselt von sich widersprechenden Gefühlen, gedrückten oder euphorischen, ärgerlichen oder liebevollen. Sie identifizieren sich mit den unterschiedlichsten Wagen und warten nur ab, bis sie wieder von einem anderen Wagen eingeholt werden, um umspringen zu können. Natürlich ist ein Wechsel von Qualitäten interessant und bringt viel Erleben und Selbsterfahrung, aber für eine gezielte Lebensgestaltung ist es sinnvoller, auf Wagen der gleichen Richtung überzuwechseln und allenfalls die Qualität und Intensität der Gefühle zu verändern. Je mehr wir in verschiedene Richtungen springen und uns in anderen Energien verlieren, desto weniger Kraft haben wir für das Erreichen der erwünschten Veränderungen.

Wenn wir wirklich Kontrolle über unser Leben haben wollen und verhindern möchten, daß unerwünschte Erfahrungen uns an unserem Ausdruck hindern, müssen wir lernen, uns sowohl bewußt mit Gefühlen identifizieren zu können, als auch Abstand von ihnen finden und sie freiheitlich austauschen zu können. In diesen Gemütszustand der Freiheit zu kommen ist nicht ganz einfach. Oft verstricken wir uns in den Gefühlen und werden von ihnen aufgesaugt, finden nicht mehr den notwendigen Abstand und sind uns nicht bewußt, daß wir Gefühle zwar als Energiequalität nutzen können, aber daß wir nicht die Gefühle selbst sind.

Die folgenden Übungen werden uns helfen, genau diesen notwendigen Abstand zu unseren Gefühlen zu bekommen, so daß wir irgendwann unsere Gefühle frei wählen können und wir nicht einfach von ihnen besetzt werden.

„Innere Distanz"

In dieser Übung lernen wir, Abstand zu Gefühlen zu finden, die uns vollkommen einnehmen und unsere Freiheit beschneiden, damit wir uns so fühlen können, wie wir wollen. Dazu erinnern wir uns an eine tatsächliche Situation, die sich irgendwann ereignet hat und in der wir gefühlsmäßig stark reagierten. Diese Situation und vor allem uns selbst mit all unseren Gefühlen lassen wir wieder lebendig werden und versuchen, uns so zu fühlen wie damals. Wenn wir uns ganz mit der Situation wieder identifiziert haben, lösen wir uns von der Identifizierung und betrachten uns selbst und die gesamte Situation von außen, in allen Details, aber distanziert. Wir versuchen, die Gefühle und Reaktionen aller Beteiligten zu verstehen und zu erkennen, warum es zu dieser Situation gekommen ist und was die Gefühle in uns allen bewirkt haben. Wenn wir uns auf diese Weise aus dem Bild und der Situation herausnehmen und zum Beobachter werden, werden wir auch spürbaren Abstand zu unseren Gefühlen gewinnen. In dieser Phase der Beobachtung und des Abstandes können wir die Situation und die Reaktion aller Beteiligten, die Umstände und vor allem auch unser eigenes Handeln so verändern, daß wir uns wohler dabei fühlen. Wie realistisch die Veränderungen dabei zunächst erscheinen, ist nicht wichtig. Damit gewinnen wir noch mehr Abstand. Das Zwingende in der Situation löst sich auf und unsere Gefühle sind weniger mächtig. Mit einiger Übung können wir so in jeder Situation inneren Abstand finden, unsere Gefühle ausgleichen und wieder uns selbst werden. Wir beginnen, mit den Energien und Gefühlen zu spielen. Wenn wir das Erreichen von innerer Distanz üben wollen, und Energien, die sich tatsächlich ereignet haben, in unserer Erinnerung verändern wollen, ist es sinnvoll, zunächst mit Situationen zu üben, die sich ereignet haben, aber für uns keine ernsthaften Probleme erzeugten.

„Ausgeglichenheit“

Diese Übung hilft uns, frei zu werden von Ängsten, die sich auf zukünftige, tatsächliche oder mögliche Ereignisse beziehen. Dazu stellen wir uns zunächst die ungünstigste Situation vor, die sich für uns ereignen könnte, und vor der wir Angst haben, z.B. einen absoluten Mißerfolg bei einem öffentlichen Auftritt, wo das Publikum uns auspfeift und den Saal verläßt. Dann gehen wir ganz in diese Vorstellung hinein, bis wir die Angst und die Verzweiflung in der Situation körperlich spüren. Am Ende der Übung schließen wir die Vorstellung ab mit dem Gedanken, daß es sich glücklicherweise anders verhält und so nicht kommen wird. Diese Übung sollten wir konsequent jeden Tag 10 Minuten lang durchführen, damit wir nach etwa zwei Wochen Mühe haben, intensive Angst aufzubauen und die Übung lästig wird. Es wird sich eine gewisse Gleichgültigkeit aufbauen und wir können uns zwar das Schlimmste noch vorstellen, aber wir reagieren gefühlsmäßig immer weniger darauf. Wenn es uns gelungen ist, in dem Bereich unserer Angst Gleichgültigkeit mehr und mehr aufzubauen, können wir die Übung dahingehend verändern, daß wir uns die günstigste Situation bezogen auf die ursprüngliche Angst vorstellen, z.B. daß bei unserem Auftritt das Publikum total begeistert ist und voller Beifall mit Blumen wirft. Auch diese Reaktion empfinden wir so intensiv wie möglich, täglich etwa 10 Minuten lang, bis nach einiger Zeit auch diese Vorstellung langweilig wird und sich eine Gleichgültigkeit aufbaut. Diese Übung schließen wir ab mit dem Gedanken, daß es durchaus so sein könnte, wenn wir unser Bestes geben. Erst wenn wir in beiden Übungen ein großes Maß von Gleichgültigkeit erreicht haben, kann uns die ursprüngliche Angst, in unserem Beispiel das Lampenfieber, nicht mehr berühren. Beide Möglichkeiten einer extremen Reaktion des Publikums sind jetzt gleichmütig vorstellbar und erzeugen keine inneren Verspannungen mehr.

Diese Vorstellungs-Technik, die eine innere Gleichgültigkeit durch Routine und Langeweile aufbaut, ist auch anwendbar, wenn es Ereignisse in der Vergangenheit gibt, die wir nicht loslassen können und an die wir gefühlsmäßig noch stark gebunden sind. Wenn wir die Erinnerung daran intensiv durchleben als tägliche Routine, werden mit der Zeit auch dabei immer weniger Gefühle auftauchen und es kommt der Punkt, an dem wir uns zwar sachlich erinnern können, aber in unseren Gefühlen neutral bleiben und von der Erinnerung nicht mehr berührt werden.

„Unabhängigkeit“

In dieser Übung lernen wir, Gefühle in uns lebendig werden zu lassen, ohne daß dazu ein äußerer Anlaß notwendig ist, uns mit ihnen zu identifizieren und dadurch andere Gefühle, die wir nicht haben möchten, auszutauschen. Dies ist nicht ganz einfach, weil wir uns daran gewöhnt haben, Gefühle als Reaktion auf äußere Impulse zu entwickeln und entsprechend, abhängig von unseren vergangenen Erfahrungen, bestimmte Gefühle mit bestimmten Impulsen, Situationen, Worten oder Menschen in Verbindung zu bringen.

Als erster Schritt zu einer freien Wahl der Gefühle können wir ein beliebiges Gefühl auswählen, das uns bestimmen soll. Dazu erinnern wir Bilder, die in der Vergangenheit mit diesem Gefühl verknüpft waren. Nach einiger Übung werden wir die Gefühle immer leichter erzeugen können, auch ohne daß dazugehörige Bilder aus der Erinnerung und Phantasie notwendig sind. Wir erinnern dann einfach ein Gefühl, und die Erinnerung läßt es in uns lebendig werden. Wenn wir die Fähigkeit erreicht haben, ganz frei und selbständig Gefühle erzeugen zu können ohne äußeren Anlaß, können wir üben, die Gefühle auch wieder fallen zu lassen. Das Fallenlassen eines Gefühls soll aber nicht durch Verdrängung erfolgen, sondern indem wir ein anderes Gefühl bewußt entstehen lassen, uns damit identifizieren und dadurch entsprechend das ursprüngliche Gefühl, das wir fallenlassen wollen, unwichtig wird. Mit der Zeit werden wir auf diese Weise beliebig Gefühle austauschen können, auch extreme, und es spielt dann keine Rolle mehr, in welcher Situation wir uns dabei befinden.

Anfänglich ist es günstig, nur mit angenehmen Gefühlen zu arbeiten, weil wir dann ohne innere Widerstände üben können. Mit der Zeit sollten wir uns aber auch mit für uns unangenehmen oder angstbesetzten Gefühlen befassen. Nur wenn wir jede Gefühlsqualität aufbauen lernen, können wir sie auch wieder fallen lassen bzw. austauschen und frei davon werden. Die Basis für diese Übungen sollte die Einstellung sein, daß wir nicht unsere Gedanken und Gefühle sind, sondern sie als Energien gestalten und nutzen können. Besonders leicht und intensiv lassen sich Gefühle in Übungsgruppen, z.B. zusammen mit Freunden erzeugen, wo man sich spielerisch in vorgegebene Gefühle hineinsteigern kann und sich gegenseitig unterstützt. Man braucht sich dabei nicht auf die erlebte Vergangenheit zu begrenzen, sondern kann beliebig zu den gewünschten Gefühlen auch Geschichten erfinden.

Wenn wir einmal gelernt haben, Gefühle beliebig aufzubauen und gegen andere auszutauschen, können wir jederzeit auch unerwünschte Gefühle, die auf Grund äußerer Anlässe entstehen, fallen lassen bzw. sie gegen günstigere austauschen ohne sie dabei zu verdrängen. Ein Gefühl wird nur dann verdrängt, wenn die Energie nicht auf andere Gefühle oder Ausdrucksenergien übertragen wird, sondern wir uns einfach nicht damit auseinandersetzen. Jedes Gefühl hat eine Qualität und eine Intensität. Die Qualität eines Gefühls ist für unser Empfinden und Verhalten nur dann von Bedeutung, wenn sie mit Energie ausgefüllt ist und dadurch Intensität bekommt. Wenn es uns gelingt, von einem Gefühl die Intensität abzuziehen und dies in eine andere Ausdrucksform fließen zu lassen, in ein anderes Gefühl, in Gedanken oder auch in körperliche Aktivitäten, dann wird die Intensität des alten Gefühls unwichtig und wir werden von der neuen Qualität bestimmt, der wir mehr Intensität gegeben haben.

Als Ergänzung zu den Einzel- und Gruppen-Übungen möchte ich die CD-Übung „Unabhängigkeit" empfehlen. In tiefer Entspannung wird dort im See unseres Unterbewußtseins wieder die Idee lebendig und selbstverständlich, daß wir mehr sind als unsere Gedanken, Gefühle und körperlichen Energien, und deshalb diese frei wählen und bestimmen können.

Aufbauend auf dieser Idee erzeugen wir in einem Zustand gesteigerter Vorstellungskraft bestimmte Gefühle und tauschen sie gegen andere aus. Ganz allmählich lernen wir frei und spielerisch mit Gefühlen umzugehen und nicht mehr von ihnen abhängig zu sein und bestimmt zu werden. Gefühle sind treibende Kräfte in unserer Wirklichkeit und es ist wichtig, sie verantwortlich und bewußt zu nutzen, damit wir uns selbst sein und unser Leben frei gestalten können.

Kapitel 7

Spontaneität und Intuition

Die geistigen Energien, die wir in uns tragen, auf die wir uns konzentrieren und die wir zum Ausdruck bringen, formen unsere Persönlichkeit, unsere Lebensweise und sogar unser Umfeld. Sie strahlen weit über unsere Körpergrenze hinaus und wirken als prägender Einfluß in unserem Umfeld.

Wir haben verschiedene Wege kennengelernt, um Zugang zu diesen Energien in uns zu bekommen, um sie verstehen und bewußt und sinnvoll verändern zu können, so wie es uns entspricht. Wenn wir diese Wege konsequent gehen, wird sich unser Leben entsprechend verändern und wir werden die Gewißheit haben und die Erfahrung machen, daß wir das erreichen können, was uns erstrebenswert scheint. Unsere Ängste als Ausdruck von Machtlosigkeit lösen sich dabei auf. Wir entwickeln Selbstbewußtsein und Selbstvertrauen in der Sicherheit, Energien unseren Vorstellungen entsprechend bewußt lenken und nutzen zu können. In dieser Sicherheit zu leben, birgt viele Qualitäten in sich und ist für die meisten von uns vielleicht erstrebenswert. Aber es gibt auch eine Problematik dabei, die zunächst nicht offensichtlich erkennbar ist. Was könnte problematisch oder ungünstig daran sein, wenn wir entsprechend unseren Vorstellungen unser Leben und uns selbst frei gestalten können? Die Antwort ist verblüffend einfach. Unsere Vorstellungen, unsere Phantasie und all das, was wir für möglich und auch für wünschenswert halten, ist stark von unserer Vergangenheit geprägt. Was wir nicht in irgend einer vergleichbaren Form erlebt haben, ist für uns schwer vorstellbar und wir können es entsprechend kaum verinnerlichen. Wenn wir also unser Leben unseren Vorstellungen gemäß gestalten, begrenzen wir uns entsprechend auf den Erfahrungsschatz der Vergangenheit, den wir zwar vielleicht weiterentwickelt oder zum Teil auch verlassen haben, der uns aber doch in unserer geistigen Freiheit prägt und einschränkt.

Wenn wir die beschriebenen Wege zur freien Lebensgestaltung gehen, können wir unser Leben entsprechend unseren Vorstellungen gestalten, aber wir bleiben notgedrungen innerhalb dessen, was für uns vorstellbar ist und wozu im See unseres Unterbewußtseins in irgend einer Form Informationen verankert sind. Damit ist der Ausdruck unserer Gesamtpersönlichkeit begrenzt. Diese Einschränkung unserer Möglichkeiten können wir nur umgehen, wenn wir versuchen, den Einfluß des Sees auf unsere Gedanken, Gefühle und Erwartungen aufzulösen und die Impulse aus den Tiefen unserer Grundpersönlichkeit und unseres Instinktes ungefiltert direkt in unsere bewußte Wahrnehmung auftauchen zu lassen. Um dies tun zu können, müssen wir alles loslassen, was unser unterbewußter See an Richtlinien,

Glaubenssätzen und Wertesystemen in unserer Vergangenheit gesammelt hat und worauf wir unsere Wahrnehmung und unseren Ausdruck aufgebaut haben. Alles, was uns bis jetzt als Maßstab gedient und Sicherheit gegeben hat, müßten wir fallen lassen und lernen, direkt auf die Impulse unserer tiefen Schichten zu hören. Diese haben nicht nur ein umfassendes Wissen über uns selbst und unseren Lebenssinn, sondern greifen in ihrer Wahrnehmung weit über unsere Körpergrenzen hinaus, frei durch Raum und Zeit, und nehmen die Wirklichkeit ganzheitlich wahr. In diesen Bereichen von uns selbst wissen wir, was wir wirklich in diesem Leben als Lebenssinn erreichen wollen und wie wir zu jeder Zeit uns diesem Ziel entsprechend verhalten können. Wenn wir für die Anstöße aus diesen Bereichen unserer Intuition offen sein wollen, müssen wir bereit werden, unseren Intellekt und unser rationales Denken nicht als einzige Entscheidungsebene zu benutzen, sondern mehr und mehr impulsiv in der Gegenwart zu leben und zu handeln.

Unser Intellekt ist der Teil unseres Bewußtseins, der die Informationen und Impulse unseres Umfeldes wahrnimmt, mit Erkenntnissen und Erfahrungen aus der Vergangenheit vergleicht und daraus Schlußfolgerungen für die Zukunft zieht. Er ist eine Projektionsebene, die stark von unserer Vergangenheit geprägt wurde und außerhalb der vergangenen Erfahrungen nur begrenzt neue Informationen und Möglichkeiten zuläßt. Je mehr wir diesen Intellekt in uns und damit auch unsere Ausrichtung auf die Zukunft loslassen können, und je weniger wir uns nach seinen Glaubenssätzen und Wertmaßstäben richten, desto offener können wir für Impulse werden, die sich nicht rational eindeutig bestimmen lassen. Den Intellekt loszulassen heißt, wieder auf die eigenen spontanen Impulse und Gefühle aus den Tiefen unseres Seins zu hören und diese frei zum Ausdruck zu bringen. Unsere tieferen Bewußtseinsschichten haben Zugang zu Informationen aus der Zukunft, Gegenwart und Vergangenheit und sie geben uns über den Kanal der Intuition Impulse darüber, wann wir etwas auf eine bestimmte Weise tun müssen, um unseren Lebenssinn am besten zu erfüllen. Diese Impulse sind nicht immer logisch erklärbar, ihre Auswirkungen lassen sich selten abschätzen, aber sie motivieren uns deutlich in einer gewissen Richtung und machen uns zufrieden, wenn wir ihnen folgen. Manche Impulse äußern sich in Form von plötzlichen Gedanken und Gefühlen, die sich aufdrängen, oder als Bedürfnisse, die erfüllt werden möchten. Andere zeigen sich indirekt in unserem Umfeld als eine Art äußere Intuition, als Informationen oder Situationen, die uns begegnen und etwas in uns in Bewegung setzen, vielleicht Menschen die uns begegnen, Zeilen die wir lesen oder Situationen, die uns beeinflussen und uns dazu bringen, die Päckchen unserer Grundpersönlichkeit am richtigen Ort zur richtigen Zeit auszudrücken. Unserer Intuition nachzugeben heißt bereit zu sein, sich treiben zu lassen im Strom der auftauchenden Impulse, alles zu verändern, wenn es notwendig ist, und sich und das Leben wertfrei anzunehmen in der Haltung, daß alles seinen Sinn hat und sich gut für alle fügen wird. Diese innere Haltung, die nichts erwartet, nichts ausschließt und grenzenloses Vertrauen in die eigene innere Führung und in das göttliche, liebevolle Prinzip des Seins ausdrückt, kann um so leichter gefunden werden, je mehr innere Ängste und Zweifel an den eigenen Möglichkeiten in den ersten beiden Wegen aufgegeben wurden. Wer Ängste hat und sich machtlos und ausgeliefert fühlt, wer an Zufall oder äußere Autorität und Macht glaubt und sich selbst nicht als verursachendes Prinzip der eigenen Lebenserfahrung erkannt hat, kann nur schwer loslassen, weil er überall nach Halt und Sicherheit sucht. Wenn ein Nichtschwimmer ins Wasser gestoßen wird und man ihm zuruft, er solle loslassen, weil er nicht untergehen kann, dann wird dieser von Panik und Angst ergriffen sich selbst unter Wasser bringen. In seiner Angst unterzugehen, kann er nicht loslassen, sondern sucht verzweifelt nach jedem Halt. Ein Schwimmer dagegen kann sich treiben lassen, denn er weiß, daß er ja wieder zu schwimmen beginnen kann, wenn er in seinem Loslassen Gefahr laufen sollte.

Der Weg des Loslassens, der Intuition und Spontaneität beginnt mit der Erfahrung der eigenen Kraft, von Selbstbewußtsein und Selbstvertrauen. In dieser Sicherheit kann man sich selbst und die anderen Menschen liebevoll sich selbst sein lassen.

Wer diesen Weg des Loslassens und der Spontaneität zu gehen beginnt, hat oft noch Bedenken, daß das ganze Leben vielleicht chaotisch werden könnte und daß nirgendwo mehr Ordnung herrscht. Zu Beginn mag dies auch so scheinen, aber mit der Zeit werden die umfassenden Impulse der Intuition die vielen Ebenen unserer Wirklichkeit ganzheitlich zum Ausdruck bringen, unser Leben ganz gezielt so gestalten, daß wir intensiv und zufrieden unseren Lebenssinn leben. Rein äußerlich betrachtet sind die Wege der Intuition oft schwer verständlich und machen nur in ihrem größeren Zusammenhang einen Sinn, aber wenn wir nicht werten und uns auch nicht von den Meinungen anderer beeinflussen lassen, wird uns das nicht davon abhalten, auch scheinbar ziellosen Impulsen zu folgen.

Wirkliche Spontaneität gibt uns die Möglichkeit, aus dem gesamten Potential unserer Möglichkeiten zu leben, ohne uns durch das Weltbild und die Werte unserer Vergangenheit und unseres Umfeldes begrenzen zu lassen.

In dieser Haltung des Loslassens, der Gegenwärtigkeit und Spontaneität kommt eine Unverbindlichkeit zum Ausdruck, die den Umgang mit den Ordnungssystemen in unserer Welt schwierig machen kann. Man wird unkalkulierbar und ist schwer einzuordnen. Aber wir werden mit der Zeit unser Umfeld so gestalten, daß es zu dieser freien Haltung paßt und werden Vereinbarungen auf Grund von spontanen Entscheidungen treffen können.

In den Wegen des Umformens und der eindeutigen Ausrichtung von geistigen Energien lernen wir, bewußt zu entscheiden und unser Leben klar unseren Vorstellungen gemäß auszurichten. Im Weg des Loslassens überlassen wir die Lebensführung den tieferen Schichten unseres Seins und lassen entscheiden, in dem Vertrauen, daß eine größere Instanz den für uns besten Weg sucht. Wir leben vollkommen in der Gegenwart selbst dann, wenn wir für unsere Zukunft Vereinbarungen treffen auf Grund von inneren Impulsen, die vielleicht sogar aus der Zukunft oder andern Bereichen unseres Selbst kommen.

In dieser Haltung des vertrauensvollen Loslassens können sich die Wünsche, Bedürfnisse und Fähigkeiten unserer Grundpersönlichkeit und unseres Instinktes zu jeder Zeit voll entfalten. Wir erleben kein Bedürfnis ohne die Fähigkeit und Energie, es zu befriedigen, unsere Fähigkeiten drängen zum Ausdruck und wir fließen mit der gesamten Energie unseres Seins, glücklich und erfüllt. Wenn wir unser Leben so führen, wie wir es uns vorstellen können, werden wir zufrieden, aber mit einem gewissen Gefühl von Leere, weil wir noch nicht sind, was wir sein könnten. Wenn wir alle Kontrolle loslassen und gleichgültig in den Impulsen unserer Intuition spontan fließen, können wir unser gesamtes Potential nutzen, uns ganzheitlich sein und zum Ausdruck bringen. Alles wird für uns in gleicher Weise gültig sein, nicht gut oder schlecht, sondern nur noch zu unserer Intuition und unserem Sein passend oder nicht passend.

Praktische Übungen zu Kapitel 7

„Fließen"

Diese Übung dient dazu, unser Vertrauen in die eigenen Kräfte und Fähigkeiten zu stärken und diese in Fluß zu bringen, alle Bindungen und Hemmungen unseres unterbewußten Sees loszulassen und frei und bereit zu werden, den Impulsen unserer inneren Führung zu folgen. Eine spontane und intuitive Lebensführung soll die bewußte Kontrolle ablösen und das gesamte Potential unserer Möglichkeiten zum Ausdruck bringen.

Um diese Absicht fest in unserem Unterbewußtsein verankern zu können, suchen wir einen Zustand tiefer Entspannung und bewegen dann folgende Ideen in uns, leicht, aber mit viel Gefühl:

- Meine Intuition ordnet alles in meinem Leben so, wie es für mich am besten ist.

- Ich fließe mit den Energien meiner Seele.

- Meine Intuition zieht die Dinge und Umstände an mich, die zu mir passen, die zu mir gehören und die gut für mich sind.

- Ich lasse los und und lasse mich treiben mit den Impulsen meiner Intuition.

- Alles in meinem Leben und um mich herum ordnet sich so, wie es gut für mich ist.

Wenn wir mehrmals im Monat diese Ideen in unserem Unterbewußtsein verankern, werden wir mehr Vertrauen in unsere innere Führung aufbauen und die Kräfte unserer Grundpersönlichkeit beginnen frei zu fließen und zum Ausdruck zu kommen.

Wenn wir bereit werden, voll Vertrauen loszulassen, kann unsere Intuition spontan und frei hervorbrechen und wir können diesen Impulsen einfach folgen in dem Vertrauen, daß sie ein Ausdruck unseres gesamten Wesens sind und uns zu einem sinnvollen Leben führen.

Als Ergänzung zu dieser Übung empfehle ich die CD „Loslassen". Sie führt in einen Zustand tiefer Entspannung und läßt diese für uns zunächst ungewohnten Ideen mühelos in unser Unterbewußtsein einsinken und wirken. Wenn wir das Vertrauen in unsere innere Führung mit in den Schlaf nehmen wollen, können wir mit der bereits erwähnten CD „Leitgedanken am Abend" üben. Sie führt uns sanft in den Schlaf und aktiviert unsere Intuition während der Nacht.

„Intuition"

Unsere Intuition kann über spontane Impulse in uns selbst oder in unserem Umfeld unser Leben sinnvoll gestalten, wenn wir loslassen und sie frei wirken lassen, auch dann, wenn wir sie nicht verstehen. Wenn wir aber mit ihren Impulsen bewußter umgehen und die uns und unser Leben beeinflussenden Energien besser verstehen wollen, müssen wir lernen, sie wacher wahrzunehmen und in unserem gewohnten Denken und Tun still zu werden, Raum zu schaffen für das Neue und Ungewöhnliche.

Diese Übung hilft uns, den notwendigen inneren Abstand zu finden, Abstand vom äußeren Geschehen, von unseren Gedanken und von unseren Gefühlen, und aufmerksam zu werden für die feinen Energien und Informationen, die aus den Tiefen unseres Selbst in unsere bewußte Wahrnehmung kommen wollen. In diesem Zustand innerer Distanz haben wir über unsere Intuition Zugang zu unserer Traumwelt, zu astralen und zu zeitlosen Dimensionen unserer Wirklichkeit, in denen Teile von uns ebenfalls existieren und sich auf andere Weise zum Ausdruck bringen.

Um die Impulse unserer Intuition wahrnehmen zu können, müssen wir eine Zeit finden, in der wir still werden, unser übliches Denken, Fühlen und Werten ausschalten und in einem Zustand tiefer Entspannung oder Meditation offen sind. Wenn wir in uns still geworden sind, können wir entweder einfach zuhören und wahrnehmen, oder uns auf einzelne Aspekte in unserem Leben einstimmen, vielleicht auch konkrete Fragen dazu stellen, und auf gezielte Impulse warten, die frei aus den Tiefen unseres Seins dazu auftauchen. Oft erscheinen die Impulse zunächst in unverständlicher Weise und ohne Zusammenhang, ergeben aber später einen Sinn oder verändern uns bereits dadurch, daß sie in unserer Wahrnehmung aufgetaucht sind.

Als Unterstützung für das Wahrnehmen unserer inneren Impulse empfehle ich die CD-Übung „Intuition", die uns leicht in einen Zustand ruhevoller Wachheit führt und uns aufnahmebereit für die Impulse aus den Tiefen unserer Seele werden läßt.

Wenn wir regelmäßig diesen Zustand des wachen Wahrnehmens üben, werden wir einen engen Kontakt mit den größeren Aspekten unseres Seins herstellen und auch dann Sicherheit und Vertrauen erreichen, wenn wir noch nicht völlig bereit sind, den Weg des Loslassens zu gehen, sondern erst noch etwas vorsichtig unser Leben nach den Impulsen unserer Intuition zu gestalten beginnen.

„Lichtmeditation"

Wenn wir regelmäßig in Zustände von tiefer Ruhe und erhöhten Wachseins gehen, werden sich die Kanäle unserer Intuition öffnen und uns zu einem sinnvollen, ausgefüllten und zufriedenen Leben führen. Auf dem zunächst aber noch unvollkommenen Weg brauchen wir manchmal Unterstützung und Kraft, die wir durch einen engen Kontakt mit unserem Urgrund, mit unserer Seele finden können. Bei ihr sind wir in Liebe vollkommen aufgenommen und können alle Sorgen und schweren Gedanken abladen.

Als eine meditative Reise zum Zentrum unserer inneren Kraft, zum Licht unserer Seele schlage ich abschließend die Übungs-CD „Lichtmeditation" vor. Sie führt uns sanft zu unserem Urgrund, läßt uns in dem liebevollen Licht unserer Seele aufgehen und hilft uns, gestärkt und ausgeglichen in die Wachheit unseres Seins zurückzukehren. Wir finden Vertrauen und Sicherheit, gleichgültig wo wir auf unserem Lebensweg stehen.

Schlußwort

Die Wirklichkeit in uns selbst und um uns herum wird getragen und gestaltet von den Energien, die wir in uns tragen. Ich glaube, daß der wichtigste Lernprozeß in unserem Leben darin besteht, uns selbst als schöpferische Kraft zu erkennen und mit unserem Potential verantwortlich umzugehen. Solange wir glauben, wir seien abhängig von Umständen oder Menschen, solange wir Schuldige suchen und das verursachende Prinzip in uns selbst nicht erkennen, haben wir unser Wesen nicht verstanden. Der Schöpfer unserer Wirklichkeit sind wir selbst, nicht nur hier in unserem menschlichen Leben, sondern überhaupt, auch in anderen Formen der Wirklichkeit. Wenn wir unsere Lebenserfahrung als Spiegel von uns erkennen und bewußt mit unseren Gedanken, Gefühlen und inneren Bildern umgehen, können wir das schöpferische, göttliche Prinzip in uns erfahren und uns als Ausdruck davon erkennen. Wir haben dann die Bindungen und Abhängigkeiten von äußeren Energien aufgegeben und können frei und bewußt unser Wesen leben.

Diese Freiheit und Einzigartigkeit in mir zu finden und zu leben auf möglichst viele Weisen, unsere Wirklichkeit ganzheitlich wahrzunehmen und zu erfahren, ist ein persönliches Ziel von mir in diesem Leben. Was ich bis jetzt gefunden und erfahren habe, möchte ich weitergeben als Anregung für all diejenigen, die ebenfalls fühlen, daß sie mehr sein könnten als sie sind und die Wirklichkeit intensiver erfahren könnten als bisher.

Dieses erste Buch dient als Leitfaden dafür, wie wir unsere Freiheit schrittweise und kontrolliert erweitern können mit dem Ziel, irgendwann eins zu sein mit der Absicht unserer Seele. Weitere praktische Handbücher werden folgen mit Hinweisen und Impulsen darüber, wie wir die Energien unseres Körpers besser verstehen und bestimmen können, wie wir uns ein freieres, unseren Bedürfnissen entsprechendes materielles Umfeld schaffen können, wie wir fruchtbare zwischenmenschliche Beziehungen und Partnerschaften finden können. Diese Handbücher werden zeigen, wie wir diese äußere Freiheit für einen ganzheitlichen Ausdruck unseres Seins einbinden können in ein erweitertes Bewußtsein über uns selbst und diese Wirklichkeit, in ein erweitertes Wissen über das Sein, das auf außersinnlicher Wahrnehmung, auf einem bewußten Erleben der Traumwelt und letztlich auf Bewußtseinsreisen und außerkörperlichen Erfahrungen beruht.

Eine neue Dimension der Freiheit habe ich selbst durch den bewußten Kontakt mit einer Ebene meines Seins gefunden, die nicht in Raum und Zeit gebunden scheint, wie es mein normales Wachbewußtsein ist. Diese „Ebene II" spricht zu mir oder als Harald II durch mich in tranceähnlichen Sitzungen und gibt erstaunliche Informationen aus einer übergeordneten, neutralen Perspektive über die unerschöpfliche Quelle des Mensch-Seins in dieser Wirklichkeit. Diese Ebene II können und werden alle in sich finden, irgendwann auf ihrem Weg in die Freiheit. Wie sich diese Ebene äußern wird, ist für jeden wahrscheinlich unterschiedlich, aber sicher wird der Kontakt neue Tore zu dieser Wirklichkeit öffnen. Die bis jetzt gesammelten Informationen von Harald II werden ebenfalls in Buchform als „Impulse der Ebene II" folgen und die persönlichen Sichtweisen eines jeden von uns berühren.

Ich wünsche viel Erfolg auf diesem Weg in die Freiheit.

Übungsverzeichnis

Zeichnungen

Stichwortverzeichnis

Bücher von Harald Wessbecher

Liebe – Das einzig verbindende Prinzip
Zwei Vorträge von den Basler PSI-Tagen 1989

Faszinierende Gedanken über die Liebe und die Natur des menschlichen Bewußtseins kommen aus einer anderen Ebene unserer Wirklichkeit.

64 Seiten, broschiert, ISBN 3-928333-00-3

Der Mensch als unerschöpfliche Quelle
Impulse der Ebene II, Band I

Die Aussagen von Harald II sind oft provozierend, jedoch geeignet, ein ganzheitliches Wirklichkeitsverständnis entstehen zu lassen, das unser Selstverständnis entscheidend verändern kann.

297 Seiten, Leinen gebunden, ISBN 3-928333-03-8

Die kindliche Psyche
Entstehung, Entwicklung und Entfaltung menschlichen Bewußtseins

Wir können unseren Kindern helfen, einen leichten Weg zu einem sinnvollen, zufriedenem und erfolgreichen Leben zu finden.

297 Seiten, Leinen gebunden, ISBN 3-928333-05-4

Menschliches Bewußtsein – Eine unsterbliche Idee
Zwei Vorträge des Kongresses in Düsseldorf 1992

Was erwartet uns nach dem Tod? Wird unser Bewußtsein mit dem Sterben ausgelöscht oder betreten wir eine neue Dimension des Seins? Antworten auf diese Fragen kommen aus einer anderen Ebene unserer Wirklichkeit, der Ebene II.

64 Seiten, broschiert, ISBN 3-928333-04-6

THS Verlag, Hannover

Übungen zur Unterstützung des Arbeitsbuches

UNABHÄNGIGKEIT

Hemmende Einflüsse der Vergangenheit überwinden – automatische Verhaltensreaktionen abbauen – begrenzende Einflüsse der Vergangenheit ablegen

Bestell Nr. 93222

INTUITION

Mehr Kreativität und innere Beweglichkeit zulassen – Impulse für eine sinnvolle Lebensführung erhalten – ganzheitliche Entscheidungshilfen außerhalb des üblichen Denkens finden

Bestell Nr. 93223

AKTIVE LEBENSGESTALTUNG

Wünsche und Ziele formulieren und mit Klarheit verfolgen – persönliche Schwächen korrigieren und neue Lebensmuster gestalten

Bestell Nr. 93224

SELBSTAUSDRUCK

Die eigene Grundpersönlichkeit spüren und zum Ausdruck bringen – mehr unserer Wünsche, Bedürfnisse und Fähigkeiten leben, mehr Motivation und Befriedigung empfinden

Bestell Nr. 97205

ICH BIN

Depressive Phasen leichter überwinden – die Bereitschaft zur Veränderung schaffen – neue Lebensziele aktivieren

Bestell Nr. 93221

LEITGEDANKEN ABENDS/MORGENS

Zweifel und Ängste überwinden – erholsam und entspannt die Vergangenheit hinter sich lassen – mehr Energie und Tatkraft für den kommenden Tag bereitstellen

Bestell Nr. 93226

Übungen zur Unterstützung des Arbeitsbuches

LICHTMEDITATION

Angst und Einsamkeitsgefühle überwinden – den inneren Frieden finden in der Geborgenheit des großen Selbst – geistige Kraft und Vertrauen aufbauen.

Bestell Nr. 93251

TRAUMBEWUSSTSEIN

Therapeutische und informative Träume der Nacht gezielt einleiten – nächtliche Wachträume für Problemlösungen aktivieren – Traumenergien bewußt nutzen.

Bestell Nr. 93231

LOSLASSEN

Neue Hoffnung schöpfen nach persönlich unbefriedigenden Erfahrungen – aus zwanghaften Gefühls- und Gedankenkreisläufen ausbrechen – sich für neue Impulse öffnen

Bestell Nr. 93225

GRUND-PERSÖNLICHKEIT

Zugang finden zu unserer Grundpersönlichkeit – übernommene Verhaltens- und Wahrnehmungsweisen auflösen und intensiver und glücklicher leben

Bestell Nr. 97703

NEUE PERSPEKTIVEN

Gegenwärtige Situationen loslassen und neue Perspektiven finden – die geistigen Energien klar ausrichten und neue Entwicklungen sichten – Motivation und Kraft für eine klare Entscheidung entwickeln

Bestell Nr. 97702

SELBSTERKENNTNIS

Energien bewußt beobachten und verstehen – Spüren von zu verändernden Energien – Selbsterkenntnis zu Selbstbewußtsein führen

Bestell Nr. 97201

Audio-Kassetten von Harald Wessbecher

IDEALGEWICHT

Von seinem Körper ein Bild aufbauen, in dem man sich wohlfühlt – die unbewußten Körperfunktionen durch die Vorstellung prägen – Bewegungs- und Eßgewohnheiten verändern

Best. Nr. 03108

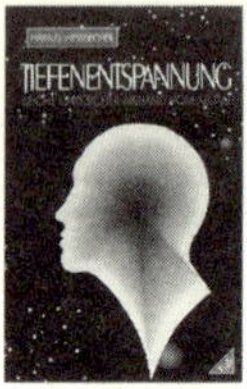

TIEFENENTSPANNUNG

Streß und Hektik des Alltags hinter sich lassen – körperliche Spannungen auflösen – korperliche und geistige Frische zurückgewinnen

Best. Nr. 03211

KREATIVITÄT

Festgefahrene Standpunkte in Fluß bringen, um neue Perspektiven zu finden – die eigene Kreativität frei von störenden Einflüssen fließen lassen – eine entspannte Atmosphäre z.B. für Brainstorming herstellen

Best. Nr. 03109

FREI VON ALLERGIE

Freies und leichtes Atmen – Unempfindlichkeit gegenüber Umfeldreizen schaffen – Stärkung der Widerstandskraft

Best. Nr. 03214

IMPULSKRAFT

Aktivierung zur Bewältigung bevorstehender Aufgaben mit mehr Autorität – Regeneration, wenn Denken und Fühlen in Problemen gefangen sind – zum Aufbau einer entschiedenen und kraftvollen Ausstrahlung

Best. Nr. 03102

Dieses ist nur eine kleine Auswahl des lieferbaren Titel